HISTOIRE

DES

PHILOSOPHES ANCIENS,

Jusqu'à la Renaissance des Lettres,

AVEC LEURS PORTRAITS.

Par M. SAVÉRIEN.

TOME PREMIER.

A PARIS,

Chez LACOMBE, Libraire, rue Christine.

M. DCC. LXX.

Avec Approbation & Privilège du Roi.

AVIS IMPORTANT.

A l'exemple de M. Brucker & plusieurs autres historiens de la Philosophie, j'ai mis au nombre des Sages, Salomon, Daniel & Job, parce qu'on doit à ces graves personnages quelques découvertes sur la Métaphysique, sur la Morale & sur la Physique. Ces découvertes sont les premieres pierres du grand édifice de la Philosophie, & en élevant cet édifice je ne pouvois me dispenser d'en jetter les fondemens : mais ce ne sont point de simples hommes qui les ont placées, ces premieres pierres : c'est l'ouvrage de Dieu même ; car Salomon ne possédoit la sagesse que parce qu'il l'avoit demandée à Dieu, qui la lui avoit accordée. Daniel devoit à l'Esprit Divin tout ce qu'il a écrit. Et la scence de Job lui avoit été révélée par le même Esprit.

TABLE

DES PHILOSOPHES

Contenus en ce Volume.

DISCOURS

SUR

LA PHILOSOPHIE ANCIENNE,

Pour servir d'introduction à cet Ouvrage.

Quoiqu'on ait beaucoup écrit sur les anciens Philosophes, leur doctrine, leurs systêmes & leurs découvertes sont si peu connus, qu'on les confond assez avec ceux des Philosophes Modernes. Il paroît tous les jours des écrits, dans lesquels on prétend prouver, que ces Philosophes leur doivent toutcequ'ilsontproduit. On taxe de plagiaires des ouvrages de l'antiquité les plus grands hommes de notre tems; & on tâche de les dépouiller de la gloire que leurs travaux leur ont acquise. Ce plagiat est présenté d'une manière si spécieuse, que des personnes, mêmes éclairées, ont été souvent séduites.

Sans doute que les Philosophes modernes ont profité des ouvrages des Philosophes anciens; qu'ils ont saisi leurs vues pour étendre la sphère des connoissances humaines; qu'ils se sont servis de leurs systêmes pour en imaginer de nouveaux; qu'ils se sont aidés de leurs découvertes pour en faire d'autres. Comme toutes les vérités se tiennent par la main, il est im-

poſſible que les vérités nouvelles ne ſoient point liées aux vérités anciennes. La difficulté eſt
de connoître le point qui les unit,
afin de les diſtinguer les unes
des autres. Et parce que cela
eſt ſouvent épineux, on a ſouvent attribué aux Philoſophes
Anciens, ce qui appartenoit
aux Philoſophes Modernes, &
réciproquement aux Philoſophes Modernes, ce qui appartenoit aux Philoſophes Anciens.

Il y a plus : on a fait même un
double emploi, en confondant
les découvertes, en ne comp-
tant qu'une vérité, lorſqu'il y en
avoit deux bien diſtinctes. Cette
confuſion a mis tant de déſordre
dans nos connoiſſances, que
les Savans même ont bien de

la peine à apprécier nos richesses Philosophiques.

C'étoit donc une entreprise
utile que celle de mettre toutes
ces richesses sous leurs yeux, &
sous ceux du public ; de bien sé-
parer celles des Anciens de celles des Modernes ; de donner
à chacun ce qui lui est dû ; de
présenter de suite, & par ordre des tems, tout ce que les
uns & les autres ont découvert.
J'ai déja exécuté une partie de
ce projet dans mon Histoire
des Philosophes Modernes. Il
restoit à composer une Histoire
des Philosophes Anciens pour
le remplir ; & c'est le sujet de
l'ouvrage, dont je publie aujourd'hui le premier volume.

L'époque de cette Histoire

remonte à l'antiquité la plus re-
culée ; car la Philosophie est
née avec le monde. Les premiers hommes ont pensé & ré-
fléchi : ils ont été frappés des
merveilles de la nature : ils en
ont admiré les productions ; &
ce spectacle enchanteur leur a
inspiré le desir de l'étudier &
de la connoître. Ils sont donc,
devenus Philosophes, la Philosophie n'étant que la connoissance de soi-même, & celle de
l'Univers. Cependant, on ne
trouve point dans l'Histoire des
Philosophes avant *Salomon*, l'an
du monde 3020.

Ce prince est regardé, avec
raison, comme le premier Sage.
On prétend qu'il possédoit le
principe de toutes les sciences,

& qu'il étoit sur-tout grand ana-
tomiste ; mais cette prétention
est absolument dénuée de fondement. Ce qu'il y a de certain, c'est qu'il possédoit la sagesse proprement dite : je veux
dire la morale, ou cette philosophie qui nous apprend à
régler les actions de notre vie,
pour bien vivre avec nous-mê-
mes, & avec les autres. Son
jugement si connu du different
de deux mères, qui réclamoient
le même enfant, prouve bien
qu'il connoissoit le cœur humain.

Aussi sa sagesse lui attira des
honneurs des plus grands princes. Tous recherchèrent son alliance ; & la reine de Saba vint
exprès à Jérusalem pour le voir.

Ce Sage éleva, en l'honneur du Créateur, le temple de Jérufalem ; ce qui mit le comble à fa gloire. Mais trop peu en garde contre les attraits féduifants du beau fexe, il perdit infenfiblement l'équilibre , & l'amour du vice l'emporta fur l'amour de la vertu. Ce dérangement fut fi grand , que la voix de la raifon ne pouvant plus fe faire entendre, il fe livra à une extrême impudicité , avec près de mille femmes , lefquelles lui firent abandonner le culte du vrai Dieu , pour encenfer des idoles.

Daniel eft le fecond Sage célèbre des peuples de l'antiquité. C'étoit un homme très-intelligent, & qui réuniffoit beaucoup

de prudence à une grande fi-
neſſe d'eſprit. Il avoit le don
d'expliquer les ſonges & de prédire l'avenir ; & il paſſoit pour
le plus ſavant homme de ſon
tems. Ce ſavoir étoit ſans doute
fort borné ; car, comme l'a fort
bien remarqué un auteur mo-
derne, il faut aujourd'hui plus
d'habileté pour traiter avec un
ſeul homme, qu'il n'en falloit
autrefois pour traiter avec tout
un peuple (*a*).

La ſcience de *Job* n'étoit
guères plus étendue que celle
de *Daniel*. On le met pourtant
au nombre des Sages du premier
âge de la Philoſophie. On dit

____

(*a*) *L'Homme de Cour* , par *Balthazar Gra-
tian* , pag. 1.

qu'il étoit grand dialecticien.
On lui attribue même la découverte des principes de l'art de raisonner. Il étoit aussi Physicien & Astronome ; mais on ignore en quoi consistoient ses connoissances dans ces deux sciences.

Voilà quels ont été les Philosophes que les anciens Hébreux ont produit. Cependant les Chaldéens, ou Assyriens, cultivoient les sciences avec plus de succès.

Ils avoient établi des écoles publiques à Babylone, qui étoit la capitale de leur empire, dans lesquelles on étudioit sur-tout le cours & le mouvement des astres ; parce que la sérénité du ciel les mettoit plus à portée que les autres peuples à faire des observations astronomiques. De leurs observations ils avoient conclu que la terre s'enflameroit, si les astres se réunissoient au signe de l'Ecreviste, & au contraire qu'elle seroit innondée, si cette réunion se faisoit au signe du Capricorne.

Parmi les Philosophes les plus célèbres, d'entre ceux de Chaldée, on cite *Belus* & *Zoroaftre*.

Belus étoit roi de Babylone. Il forma dans cette ville un collège de Philosophes ou de Prêtres savans. Il les exempta des charges & des impositions ; leur assigna un quartier séparé, où ils pouvoient jouir du repos

& de la tranquillité si nécessaires à l'étude, & se concilia tellement par-là leur estime, qu'ils le mirent au rang des Dieux. On peut regarder ces Prêtres comme les premiers Philosophes du monde. C'est du moins le sentiment de *Cicéron.*

Ces Philosophes divisoient les connoissances humaines en quatre parties. La première avoit pour objet l'art de prédire l'avenir ; la seconde, celui de connoître la nature ; la troisième, l'art de guérir, & la dernière, la connoissance du mouvement des astres.

On a écrit qu'on appelloit *Chartumin* ceux qui se mêloient de prédire, ou de dire la bonne fortune, par l'inspection des mains & du visage ; *Asaphim*, les prêtres qui étudioient la physique & l'histoire naturelle ; *Mécasphim*, les médecins & les botanistes, qui se mêloient aussi de magie ; & qu'on nommoit les astronomes *Chasèdhim*. C'étoient des astrologues plutôt que des astronomes ; car ils prétendoient voir dans le ciel les événemens futurs (*a*).

Le P. *Kirker* veut que le mot *Zoroastre* signifie la représentation des choses sacrées & cachées. De là quelques écrivains ont conclu que le personnage qui s'appelloit ainsi est un personnage imaginaire. C'est une

____

(*a*) *Histoire critique de la Philosophie*, tome I.

conclusion fort mal déduite ; car on ne peut révoquer en doute qu'il n'y ait eu un *Zoroastre*, & qu'on ne doive à cet homme de belles connoissances.

Bayle dit, que quand il vint au monde, la palpitation de son cerveau étoit si forte, qu'elle repoussoit la main qu'on mettoit sur sa tête. Il passa, suivant cet auteur, vingt ans dans le désert, & n'y vécut que d'un fromage qui ne vieillissoit jamais. L'amour de la sagesse, & de la justice l'obligea de se retirer sur une montagne, pour y vivre dans la solitude.

On sait encore que ce personnage ne se lia point indifféremment avec toutes sortes d'hommes, mais seulement avec

ceux qui étoient nés pour la
vérité ; qu'il souhaita d'être
consumé par le feu du ciel ; &
qu'il ordonna aux Perses de ra-
masser ses os, après qu'il auroit
été brûlé de cette façon, de les
garder & de les vénérer comme
un gage de la conservation de
leur monarchie.

Bochart prétend que *Zoroas-*
tre étoit issu de *Belus*, c'est-à-dire,
de *Nemrod*, & qu'il a enseigné
la magie ; mais cette magie n'é-
toit que l'étude de la nature, &
le culte de la divinité. Il re-
connoissoit deux Dieux, un
bon & un mauvais. Il appelloit le premier, Oromazès, &
l'autre, Arimanius. Il sacrifioit
à l'un, pour lui demander toutes les choses bonnes, & l'en

remercier, & à l'autre pour détourner & divertir les finistres
& les mauvaises.

Ces Dieux ont deux origi-
nes différentes. Oromazes eft né
de la plus pure lumière, & Arimanius eft forti des ténèbres. Ils
fe font la guerre l'un à l'autre. Le
premier de ces Dieux a engendré fix autres Dieux : le premier
celui de *Benévolence* ; le fecond,
celui de *Vérité* ; le troifième,
celui de *Bonne-foi* ; le quatrième,
celui de *Sapience* ; le cinquième,
le Dieu de *Richeffe* ; & le fixième,
le Dieu de *Joie*. C'eft ici la production du Dieu bon. Arimanius, qui eft le mauvais Dieu, a
fait dés Dieux d'un caractère
tout oppofé.

C'eft *Plutarque* qui nous ap-

prend cela. Il dit aussi qu'O-
romazès s'étant augmenté par
trois fois à autant de distance
du soleil, qu'il y en a du soleil
à la terre, orna le ciel d'astres
& d'étoiles, entre lesquelles il
en établit une comme maîtres-
se & guide des autres; sçavoir,
la *Caniculaire*. Puis ayant fait
encore vingt-quatre Dieux, il
les mit dans un œuf; mais Arimanius en fit d'autres qui gratè-
rent & ratissèrent tant cet œuf,
qu'ils le percèrent; & depuis ce
tems-là les maux ont été pêle-
mêle, brouillés parmi les biens.
Mais il viendra un tems, selon
Zoroastre, où Arimanius descen-
dra sur la terre, où il sera
détruit par la famine & par la
peste, & tout à fait exterminé.

Alors la terre sera plate, unie & égale, & il n'y aura qu'une vie, & une sorte de gouvernement. Les hommes n'auront plus qu'une langue, & vivront heureusement (*a*).

Telle est la doctrine de *Zoroastre*; doctrine singulière, plus digne cependant de figurer dans la fable, que de tenir un rang dans l'histoire de la philosophie.

C'est-là tout ce qu'on sait de la philosophie des Chaldéens. Ces peuples gâtèrent leurs connoissances en y mêlant la divination. On prétend que c'est *Cham*, l'un des fils de *Noé*, qui

____

(*a*) Voyez *de Iside & Oriside*, *Pline* l. VII. *Dictionnaire de Bayle*, art. *Zoroastre*.

en est l'inventeur. D'abord on chercha à connoître l'avenir par des voies très - raisonnables : ce fut en déduisant des événemens passés, les événemens futurs ; & cela en ayant égard aux circonstances qui pouvoient les rendre semblables. Mais bientôt après on fit un mauvais usage de ces principes. Curieux d'abréger les moyens, ou plus flatés d'en imposer au vulgaire, on crut pouvoir prédire l'avenir, en interprétant les prodiges, en expliquant les songes, en consultant les entrailles toutes fumantes des victimes.

Ceux qui se donnèrent pour capables de connoître ainsi l'avenir, osèrent encore se vanter de disposer des événemens.

Afin de le faire accroire au peuple, ils imaginèrent un systême qui pût les rendre croyables. Toutes les ames, disoient-ils, sont des écoulemens de la divinité; & malgré leur union à des corps, elles ont toujours une correspondance avec cette divinité même. Et comme l'Etre suprême connoît l'avenir, ces ames peuvent bien en avoir par-là la révélation. Or c'est dans certaines occasions, comme dans un profond sommeil, dans un transport sacré, dans des extases involontaires, que nos ames participent de la science de Dieu.

Ce systême fit fortune. Cependant les Philosophes de ce tems jugèrent dans la suite qu'un Etre infini ne pouvoit guères se communiquer aux mortels en droiture, que la proportion entre l'homme & & cet Etre, étoit trop grande pour admettre entre l'un & l'autre une connexion intime. Ils pensèrent donc qu'il devoit y avoir un grand nombre d'êtres intermédiaires entre Dieu & les hommes de différentes natures ; de sorte que ceux qui approchoient de la divinité participoient à sa puissance ; & voulurent que cette ressemblance s'atténuant insensiblement, les derniers devinssent presque hommes. C'étoit une échelle d'êtres depuis le Créateur, jusqu'à la créature.

Ces êtres étoient divisés en

deux claſſes. Les uns devoient avoir un commencement , & ne devoient point avoir de fin. Les autres avoient commencé, & devoient finir. Dieu ſeul n'avoit , ſelon eux , ni commencement ni fin.

De la Chaldée , la Philoſophie paſſa en Egypte : je veux dire, que les Egyptiens , qui fleurirent peu de tems après les Chaldéens, cultivèrent les ſciences , & ils le firent avec plus de ſuccès que ceux-ci. Leur commencement fut du moins plus heureux , que celui des Chaldéens. Les premiers rois d'Egypte ne cherchèrent point, comme ceux de Babylone, à faire des conquêtes. Ils ne travaillèrent qu'à procurer une fé-

licité constante à leur peuple ; &
ils comprirent que le seul
moyen de parvenir à ce but ,
c'étoit de lui inspirer le goût
de l'étude, & l'amour du savoir.

A l'exemple des rois de Babylone , les rois d'Egypte accordèrent de grands privilèges
& de grands revenus aux prêtres qui , au culte divin , joignoient , comme en Chaldée ,
la culture de la philosophie.
Leurs terres étoient exemptes
de toute imposition. Ils avoient
beaucoup de part dans la confiance du prince & du gouvernement. Ils étoient les déposi-
taires de la religion & des sciences ; & ce dépôt précieux leur
attiroit beaucoup de respect de
la part des Egyptiens & des

étrangers, qui venoient les con-
fulter fur ce qu'il y avoit de
plus facré dans les myftères, &
de plus profond dans les fciences.

Ces prêtres Philofophes
avoient entre les mains les livres facrés, qui renfermoient &
les loix du gouvernement, &
les myftères du culte divin, &
les principes des fciences. Tout
cela étoit enveloppé de fymbo-
les & d'énigmes, qui voiloient
la vérité, pour la faire rechercher
avecplus d'empreffement; & afin
de la rendre plus refpectable,
ils avoient imaginé une forte
d'écriture hiéroglifique, dont
eux feuls & les princes du fang
avoient la clef; & ils s'en fer-
voient pour développer au peu-

ple la connoissance de certaines vérités , dont il auroit pu
faire un mauvais usage : car les
plus belles choses peuvent être
dangereuses , si elles sont entre
les mains des personnes qui
n'ont point assez d'intelligence
pour en sentir les beautés. Ces
personnes ne respectent guères que les mystères , & ont
peu de considération pour les
vérités simples & sensibles ,
quelqu'utiles qu'elles soient.
Ainsi comme on ne sauroit trop
inspirer du respect pour la religion , les prêtres ne s'expri-
moient à cet égard que d'une
manière figurative. *Hæc omnia*
(dit S. Paul, en parlant de leur
religion) *in figuris contingebant
illis.*

Ils reconnoissoient un Dieu, Créateur du ciel & de la terre, & ils en adoroient l'image, quelque part qu'elle se montrât, & dans les êtres qui sont animés, & dans ceux qui sont sans vie. Ils regardoient ces êtres comme autant de miroirs que nous fournit la nature, dans lesquels la Divinité se peint d'une manière éclatante, ou comme autant d'instrumens dont elle se sert pour faire éclore au-dehors sa sublime sagesse.

De-là vient le culte que les Egyptiens rendirent aux animaux. Chaque animal avoit donc droit à leur hommage. Les prêtres seuls comprenoient cela. Le peuple l'auroit trouvé ridicule. Pour le lui rendre sensible , les prêtres choisirent les animaux qui leur étoient utiles.

Ainsi comme les bœufs sont nécessaires pour le labourage , on avoit établi un culte pour ces bêtes. Personne n'ignore combien étoit grande la vénération qu'on avoit pour le bœuf Apis. On lui rendoit des honneurs extraordinaires pendant sa vie , & de plus grands encore après sa mort. On célébroit, dit l'illustre M. *Rollin*, ses funérailles avec une magnificence incroyable. Sous *Ptolomée Lagus* , le bœuf Apis étant mort de vieillesse, la dépense de son convoi, outre les frais extraordinaires , monta à plus de cinquante mille écus (*a*).

____

(*a*) *Hist. anc. des Egypt.* par M. *Rollin*, t. 1.

On honoroit auſſi la brebis, par rapport à ſa laine & à ſon lait ; le chien, parce qu'il eſt néceſſaire pour la chaſſe, & pour la garde des maiſons ; le chat, à cauſe de la guerre qu'il fait aux rats & aux ſouris qui ſont ſur-tout ſi nuiſibles dans les appartements.

C'étoient là les Dieux des Egyptiens. Ils avoient tant de reſpect pour eux, qu'ils auroient ſouffert toutes ſortes de tourmens, plutôt que de leur faire le moindre mal. Il y avoit même peine de mort contre quelqu'un qui auroit tué volontairement un de ces Dieux.

Après avoir formé une religion, les prêtres d'Egypte travaillèrent à éclairer les hommes

par la culture des sciences.
Comme leur pays étoit uni,
leur ciel pur & sans nuages, ils
observèrent le mouvement des
astres, & ils furent les premiers
qui réglèrent la durée de l'année, sur le cours du soleil. Ils
reconnurent ainsi que l'année
étoit de trois cens soixante-cinq
jours & six heures. Voilà la seule
découverte, en Astronomie,
qui soit parvenue jusqu'à nous.

La nécessité de reconnoître
leurs terres, après le déborde-
ment du Nil, leur fit découvrir la Géométrie ; mais on
ignore quels ont été leurs progrès en cette science. Ils étoient
grands observateurs de la nature, qui, suivant la juste remarque de M. *Rollin*, dans un

pays serein, & sous un soleil si
ardent, étoit forte & féconde.
Ils cultivoient donc la Philosophie, & leurs connoissances
en cette science, se bornoient
en un systême, par lequel ils
expliquoient les productions de
la nature. Voici une idée de
ce systême, tirée de l'ouvrage
de *Plutarque* sur Isis & Osiris.

Les Prêtres & les Philosophes
d'Egypte appelloient le soleil
Osiris, & la lune Isis. C'étoient,
suivant eux, deux divinités,
qui étoient mariées ensemble,
& qui étoient la source & l'origine de tous les biens de la terre.
Ces divinités rendent la terre
féconde & abondante ; & toutes ses productions sont les
fruits de ce mariage. De-là il

suit que tout ce qui respire,
tout ce qui vit, que les animaux & les plantes sont une
même famille, qui ont pour
pères, & pour maîtres le soleil &
la lune. Les Egyptiens regardoient donc les animaux & les
plantes comme leurs frères.
Les animaux étoient l'objet de
leur culte, & les plantes étoient
leurs amies.

Cette manière de considé-
rer les plantes les engagea à
l'étude de la Botanique, pour
la faire servir à la médecine.
Dabord on observa les maladies
& des connoissances que procurèrent ces observations, on
fit des principes, qu'on déposa
dans les livres sacrés. Ces principes devinrent des règles fixes

que les médecins étoient obligés
de suivre. Elles servoient à réprimer la témérité des charla-
tans. Chaque médecin se renfer-
moit dans la cure d'une seule
espèce de maladie : il ne répon-
doit point du succès de son
traitement : autrement on l'en-
rendoit responsable , & il y
avoit contre lui peine de mort(*a*).

On ignore absolument les
découvertes que cette méthode
avoit procurées dans l'art de gué-
rir, & en général , celles que
les Egyptiens avoient faites
dans les sciences , sont fort
peu connues. Ce que nous sa-
vons de mieux sur leurs progrès dans les sciences & dans

____

(*a*) *Hérodot.* l. II , c. 84.

les arts, c'est ceux qu'ils avoient fait en architecture, en peinture & en sculpture. Leurs labyrintes, leurs pyramides, leurs obélisques, leurs temples, leurs palais, dont on admire encore les précieux restes dans toute l'Egypte, & dans lesquels brilloient & la magnificence des princes, qui les avoient construits, & l'habileté des ouvriers qui y avoient travaillé, & la richesse des ornemens qui y étoient répandus; tout nous annonce qu'ils excelloient dans ces arts. Le seul art, dont ils ne faisoient point de cas, c'étoit la musique, parce qu'ils ne la croyoient propre qu'à amollir les esprits.

Mais il est toujours certain que

leur Philosophie, de même que celle des anciens Hébreux & des Chaldèens, embrassoit la théologie, la religion, la morale, la politique, la physique & l'histoire; & il est pour le moins probable que ce premier âge de la Philosophie n'est recommandable que par la haute estime où étoient ceux qui se portoient pour Philosophes. L'empire qu'ils exerçoient étoit d'autant plus absolu, qu'il étoit étayé par la superstition. Ces Philosophes prêtres tenoient dans la dépendance les rois même, & en abusoient quelquefois.

Cependant on prétend que *Mercure*, Trimégiste, c'est-à-dire trois fois grand, avoit écrit en Egypte les principes de toutes les sciences ; & il est presque démontré que ce *Mercure* étoit un personnage imaginaire, une espèce de dieu inventé par les prêtres, pour donner de la confiance à leurs ouvrages, qu'ils publioient sous le nom de ce dieu. En effet, plusieurs savans pensent que la table d'émeraude, où l'on suppose que *Mercure* fit graver, en mourant, la clef de la Philosophie, est de l'invention d'*Albert* le Grand, qui, le premier nous l'a fait connoître.

Quoi qu'il en soit, les prêtres Egyptiens s'étoient acquis une si grande réputation, qu'on venoit de toutes parts les consulter,

& profiter de leurs lumières.
Les Grecs puisèrent sur-tout
à leur école, le germe de ces
précieuses connoissances, qui
leur inspirèrent cet amour si
vif de la Philosophie, auquel
ils doivent toute leur illustra-
tion. Ce furent les Egyptiens
qui formèrent leurs premiers
Philosophes. Ces Philosophes
étoient poëtes, & enveloppoient
toutes les vérités qu'ils avoient
apprises ou découvertes, sous le
voile de la fable. Comme à
leur retour de l'Egypte ils vouloient un peu se faire valoir, ils
crurent devoir cacher mystérieu-
sement ce qu'on leur avoit enseigné à titre de secret.

Ainsi *Orphée*, Philosophe
Grec, s'étant instruit du culte

des Dieux , des rites de leur
religion , de l'art d'expliquer
les songes & les prodiges , des
loix, & de quelques principes
de morale, traita tout cela par
énigmes. Au-lieu des fêtes d'Isis
& d'Osiris , qu'on célébroit
chez les Egyptiens , il établit
les orgies de Cérès & de Bacchus , & enseigna à ces peuples
sa Philosophie , comme l'ayant
reçue de ces Dieux.

Les autres Philosophes qui
vinrent après *Orphée* , tels que
Thomiris , *Trax* , *Eumolpe* , *Linus* ,
Amphion , *Musée* , &c. imitèrent
son exemple. Ils jugèrent que
pour faire respecter la vérité par
le peuple , il ne falloit point
la présenter toute nue , mais la
voiler adroitement. Ce furent

eux qui imaginèrent le tonnère de Jupiter, l'égide de Pallas, le trident de Neptune, & les flambeaux & les serpens des Furies. C'étoient des images sensibles dont ils se servoient pour faire respecter les loix & la religion. Le peuple prenoit toutes ces fictions pour des choses réelles ; & intimidé par la foudre de Jupiter, l'égide de Pallas, &c. il étoit soumis sans murmurer aux décrets du Tout-Puissant. Les Philosophes seuls avoient le secret de l'énigme, & leur véritable Jupiter étoit un être invisible, le créateur du ciel & de la terre, l'ame du monde, en un mot, Dieu même.

Ces Philosophes avoient

cependant fait un syſtême
pour expliquer comment Dieu
avoit formé le monde. Ils
croyoient que tout eſt né de
la nuit, & *Orphée* diſoit que
les ténebres avoient produit le
jour. Les ténébres étoient le
chaos, & le jour ſon débrouil-
lement ou développement ;
c'eſt-à-dire, l'ouvrage du Créateur dans ce chaos. Tous les
élémens y étoient déſunis &
brouillés : c'eſt ce qui produi-
ſit la nuit. Mais à meſure que
la main du Tout - Puiſſant le
débrouilla, le jour parut, &
chaque choſe prit la place convenable à la formation du monde. L'amour eſt, dans ce ſyſtême,
le nœud de leur accord, & en-
tretient une correſpondance

entre le ciel & la terre. Il est
le plus puissant des Dieux,
l'agent le plus efficace pour les
productions de la nature, & qui
a contribué davantage à la formation de l'Univers.

Tout cela étoit écrit poéti-
quement, parce que la poésie
passoit alors pour une chose sa-
crée & divine; mais cette poésie ne consistoit point en des
syllabes mesurées, en des rimes
cadencées, mais en des images
fortes, en des allégories & des
méthaphores. Elle ne différoit
de la prose que par des figu-
res hardies, qui intéressoient
le lecteur en remuant ses passions.

Parmi ces poëtes Philoso-
phes, *Orphée* tenoit le premier

rang. Il étoit aussi le plus grand
musicien de son tems. Les personnes instruites savent l'histoire
de ce personnage, laquelle est si
merveilleuse, que quelques savans doutent s'il a existé. On prétend qu'il descendit aux enfers
sans d'autres moyens que celui
d'une douce harmonie; qu'il rappella sa chere *Euridyce* à la vie, par
les sons les plus tendres, & qu'il
la perdit une seconde fois après
l'avoir recouvrée. Ces événemens sont sans doute fabuleux;
& si on ne connoissoit *Orphée*
que par ces traits, on seroit
forcé à croire qu'il n'a jamais
existé; mais ceci peut bien avoir
été ajouté à sa vie, parce que ce
Philosophe est un des héros des
mythologistes, qui ont eu le

talent d'altérer la vérité en voulant l'embellir (*a*).

Ce qu'il y a de vrai c'est que des Poësies des premiers siècles nous ne connoissons bien que celles d'*Homère* & d'*Hesiode*. Ce sont des Poëtes Philosophes qui ont fleuri l'an 3058, peu de tems après les premiers Philosophes Grecs que j'ai nommés ci-devant.

Homère nâquit environ 900 ans avant Jesus-Christ, d'un commerce illégitime de *Nitheide*. Il fut adopté par *Phenius*, qui épousa sa mère malgré cette avanture. Il n'a laissé dans ses écrits aucune trace de son origine ; mais on sait qu'il alloit

______

(*a*) Voyez une dissertation à ce sujet, de M. *Brucker*, dans son *Histoire critique de la Philosophie*, tom. I. pag. 373 & suiv.

réciter ses poëmes dans différentes villes de la Grèce, pour
trouver dequoi subsister ; de
sorte que cet homme, à qui on
érigea des statues & des temples
après sa mort, n'eut pas pendant sa vie une maison pour se
loger.

Tout le monde connoît son
Iliade & son Odissée, qui l'ont
toujours fait regarder comme
le Dieu de la poésie. Il est aussi
auteur d'un systême sur l'Olympe, qui ne lui fait pas le même
honneur. C'est une fiction in-
génieuse, si on veut, mais qui
ne nous donne point du tout
une idée avantageuse de l'Olympe. Il est, selon lui, une montagne renversée, qui a sa base
dans le ciel, & son sommet

tourné vers la terre. Cette montagne est le siége fixe & éternellement stable des Dieux, qui y sont toujours dans la joie & dans les délices. On y respire un air pur & serein, & ce séjour délicieux est éclairé par une blancheur lumineuse, qui y coule continuellement, &c.

Les personnes qui aiment la mythologie, peuvent voir la description de tout l'Olympe, dans un mémoire sur l'Olympe d'*Homère*, imprimé parmi ceux de l'Académie Royale ds Inscriptions & Belles - Lettres (*a*); car ce n'est point dans un Discours sur la Philosophie qu'on peut entrer dans ce dé-

(*a*) Voyez le tome VII. des *Mémoires de l'Académie Royale des Inscriptions.*

tail. Je me dispense de parler
par la même raison des poésies
d'*Hesiode*, & de ses Dieux.

Mais il faut convenir qu'*Homère* ne fut pas estimé comme
il méritoit de l'être. On n'étoit
point assez éclairé alors pour
connoître le prix des talens
& les avantages du savoir. Il
falloit conduire ou éclairer les
hommes à cet égard, si on vouloit les rendre recommandables;
& ce ne pouvoit être ici que la
production des législateurs.

C'est ce que comprit en effet un homme de génie, né à
Lacédémone, nommé *Lycurgue*, qui vécut peu-de tems
après *Homère*. Le haut rang
que lui donnoit sa naissance
l'ayant mis en état de comman-

der à ses compatriotes, il résolut d'en faire des hommes,
en leur redressant l'esprit & le
corps par de sages réglemens.
A cette fin, il alla recueillir
dans différens pays, les meilleures loix qui y étoient établies.
Il les combina ensemble, &
y ayant ajouté ce qu'il jugea
convenable d'y insérer pour le
bonheur du genre humain, il publia un des plus beaux codes &
des plus hardis qui aient paru
sur la législation Il ne vouloit
rien moins que créer l'homme de nouveau, en changeant
sa façon de penser & de vivre.

Les Lacédémoniens gagnè-
rent beaucoup à cette réforme;
mais les autres nations n'en
connurent pas le prix. Les Grecs

sur-tout vivoient dans le trouble & dans le défordre. Les
loix qu'ils obfervoient étoient
fi mauvaifes, qu'elles faifoient
naître plus de féditions, qu'elles
n'en pouvoient éteindre. Elles
étoient l'ouvrage de *Dracon*,
archonte d'Athènes, qui n'ayant
ni affez de genie, ni affez de
connoiffance du cœur humain
pour gouverner les hommes,
avoit cru par une feule loi fatisfaire les bons & contenir les
méchans. Cette loi prefcrivoit
la peine de mort pour tous les
crimes, de forte qu'on punif-
foit du dernier fupplice un citoyen coupable de vol & d'oi-
fiveté, comme s'il eût commis
un meurtre & un facrilège.

Il falloit donc de nouvelles

loix aux Athéniens pour les rendre heureux ; car les loix sont aussi nécessaires au bonheur d'une société , que les fondemens le sont à la solidité d'un édifice. Les Grecs ne cessoient donc de demander au ciel un sage législateur, lorsque *Solon* vint au monde.

A peine ce mortel fut parvenu à l'âge de raison , qu'il connut tous les maux qui affligoient sa patrie. Il auroit bien voulu y remédier dès l'instant qu'il les apperçut ; mais il renferma dans son ame ce beau projet, & il craignit de n'avoir point assez de capacité pour former si-tôt une aussi grande entreprise. Le tems, l'étude & les circonstances pouvoient seuls le mettre en état de l'exécuter.

En homme sage , il commença par faire une étude sérieuse de la morale & de la politique. Il s'éprouva ensuite lui-même, en se détachant des honneurs & des richesses , & en abadonnant son patrimoine. Il apprit ainsi la science de la législation, & s'acquit l'estime de tout le monde.

Bien assuré de la bonté de ses réglemens & de la docilité de ses concitoyens à les adopter, il supprima dabord les loix de *Dracon.* Touché de la misère d'un grand nombre de débiteurs, il abolit toutes les dettes, & défendit qu'on engageât son corps pour l'argent qu'on recevoit, estimant qu'il étoit odieux

que

que la liberté d'un homme fût la récompense de l'avarice d'un créancier.

Il réprima ensuite l'insolence des Grands, qui faisoient gémir le peuple sous le poids de la tyrannie ; publia de sages réglemens sur les mariages, sur les testamens, sur le respect qu'on doit à Dieu, & aux morts, & bannit de la république l'oisiveté, en punissant ceux qui se laissoient dominer par le vice.

Cependant les Grecs, en suivant les loix de *Solon*, s'amusoient beaucoup de la poésie, qu'ils appellèrent la théologie, parce qu'ils regardoient le langage de la poésie, comme le langage des Dieux. Les Athéniens étoient enchantés

de l'élégance de ses tours , de
la variété de ses descriptions ,
de la vivacité de ses peintures ,
de l'harmonie de son style. Mais
si cette fiction plaisoit à l'imagination , elle ne satisfaisoit
pas toujours le jugement. La
vérité étoit encore dans les
nuages , & les hommes sensés
désiroient qu'elle brillât à tous
les yeux pour éviter les routes tortueuses de l'erreur , source de toutes les sortes de
maux.

Ce vœu devenoit tous les
jours plus général, à mesure que,
par les sages loix de *Solon*, les
mœurs farouches des Grecs s'a-
doucissoient par dégrés. Enfin
la lumière se répandant tous les
jours de plus en plus, on re-

connut qu'il y avoit une science de mœurs ; c'est-à-dire , un
art de régler les passions des
hommes , de leur faire goûter
la vertu , & de les rendre par-
là aussi heureux qu'ils peuvent
l'être dans cette vie.

Sept hommes , distingués
d'entre les Grecs , méritèrent,
par la solidité de leur doctrine,
& la régularité de leur conduite,
le titre de Sages. Précurseurs
de tous les grands Philosophes que le monde a admiré
dans la suite , ils frayèrent le
chemin aux plus belles découvertes , & à l'acquisition des
plus riches connoissances.

D'abord les Grecs avoient
adopté une morale dure & farouche , plus propre à décou-

rager , par excès , ceux qui
vouloient connoître la vertu ,
& la pratiquer, qu'à faire fen-
tir les charmes de cette vertu.
Mais les Sages reconnurent que
cette morale n'étoit pas pro-
portionnée aux forces du cœur
humain , qu'il falloit l'adoucir
pour la rendre utile. En effet ,
il eſt impoſſible qu'on puiſſe
exclure tous les vices d'une ſociété : l'art conſiſte à empêcher
qu'ils ne deviennent conta-
gieux.

Pour ne rien faire au haſard ,
ces Philoſophes ſe formèrent
un plan d'étude. Ils admirèrent
premièrement Dieu dans lui-
même & dans ſes œuvres. Ils
s'étudièrent enſuite eux-mêmes,
obſervèrent les mœurs de tous

les peuples, apprirent leurs inclinations & leurs coutumes, &
s'instruisirent de la politique,
pour joindre à leurs lumières naturelles, les maximes de cette
science, qui consiste dans la
connoissance des bons réglemens, dans l'art de les conserver
dans les républiques bien policées, & d'en établir de nouveaux dans celles qui sont dans
le désordre & la confusion.

Ces hommes de génie n'é-
toient pas plutôt entrés dans le
gouvernement d'une république, qu'ils y établissoient le
culte de la divinité, qu'ils y
maintenoient l'autorité des loix.
Ils conservoient aux pères le respect qui leur est dû ; aux enfans
la tendresse que le sang deman-

de pour eux ; aux étrangers l'hospitalité qu'ils méritent, & aux domestiques la douceur & la clémence qu'ils implorent.

Ils tâchèrent ensuite de rétablir le calme, dans une république émue, par la force de leur éloquence, & d'appaiser ainsi les mouvemens impétueux d'une populace mutinée. Enfin, après avoir rempli leur esprit de toute la doctrine qu'on peut acquérir par une étude pénible & assidue, ils s'efforcèrent de mettre en usage la pratique de toutes les vertus, afin de se rendre pleinement dignes de leur nom. On rapporte en deux manières différentes à quelle occasion on donna le nom de Sage à ces

hommes de mérite. Les uns
disent que des pêcheurs de
l'isle de Cos , ayant pris dans
leurs filets un trépied d'or ,
qui avoit appartenu a la belle
Helène , laquelle l'avoit jetté à
l'eau, après la mort de *Páris* ,
par un trait de bisarrerie ; que
ces pêcheurs, dis-je, consultèrent
l'oracle , qui déclara qu'on devoit l'envoyer au plus sage de
la Grèce. D'autres rapportent
qu'un certain *Baticles* , ayant
hérité d'un vase précieux
le destina au plus sage ; que
ce vase fut d'abord envoyé à
Thalès , le premier Sage des
Grecs, qui le fit passer entre
les mains des autres Sages.

Ces hommes de mérite se
réunirent deux fois , l'une à

Delphes, où chacun fit écrire
fur la porte du temple la fentence qu'il affectionnoit le plus :
c'étoit fa devife, l'emblême
de fa doctrine ; & l'autre fois ils
s'affemblèrent à Corinthe, où
Périandre leur donna un repas
magnifique, où la bonne chère
fut affaifonnée de tous les agrémens que l'efprit peut ajouter
à une fête. La Philofophie y
parut gaie, & les Sages fe livrèrent a une joie affez libre
pour mériter quelque blâme.

Auffi des beaux efprits de la
Grèce, pour fe moquer de cette
fageffe, qu'on allioit quelquefois avec les plaifirs de la table, mirent en regard des fept
Sages les fept Cuifiniers les plus
célèbres parmi ceux qui prépa-

roient les repas publics ; & à la
sentence que chaque sage prenoit pour sa devise, ils opposèrent les ragoûts que ces cuisiniers regardoient comme leur
chef-d'œuvre.

C'étoit sans-doute être trop
sévère, & cette plaisanterie
étoit assurément très-indécente.
Il est vrai que les Grecs avoient
une idée des Sages, bien supé-
rieure aux sages de la Grèce. Ils
vouloient que les Sages imitas-
sent les Dieux, dont ils étoient
l'image ; qu'ils n'eussent besoin
que de très-peu de choses ; qu'ils
n'allassent point sur-tout im-
portuner les princes & les rois ;
& qu'à l'exemple des Dieux, ils
se suffisent à eux-mêmes.

Tel fut aussi la façon de

penſer d'*Ariſtote*. Le ſage, dit-
il, ſe diſtingue par deux endroits ; par une conduite ſerrée,
exacte, circonſpecte, & par
une application ſuivie à tout ce
qui peut augmenter ſes connoiſſances. Loin du bruit & du
tumulte, il tâche de ſe procurer
une félicité certaine, durable,
indépendante des aſſauts & des
diſgraces ſi ordinaires dans la
vie. Les tréſors qu'on augmente
ſans ceſſe, les palais, les emplois,
où l'on s'engage pour ſe dérober à ſoi-même, tout cela eſt
néceſſaire aux ames communes.
Le ſage ſe met au-deſſus de
toutes ces choſes, en regagnant
par la modération de ſes de-
ſirs, ce que la fortune ſemble
lui refuſer, & en ſe tenant tou-

jours au niveau de ses facultés, quelque médiocre qu'elles
soient. Si par le droit de sa
naissance, ou par d'autres con-
jonctures, il se voit appellé
au gouvernement de sa patrie,
comme *Solon*, *Bias*, *Pittacus*,
il redouble de zèle, tant pour
rendre son autorité douce &
bienfaisante, que pour éviter
l'écueil si dangereux du pouvoir arbitraire. Si au contraire
il n'a rien à démêler avec le
public, toute son occupation
est de s'étudier, & de se connoître. Il cache sa vie, suivant
l'expression d'*Epicure*, (a) afin de
goûter dans cette obscurité un

(a) *Histoire critique de la Philosophie*,
tom. I. page 318, édition 1756.

bonheur tranquille & perma-
nant.

Voilà quelles sont les qualités générales qui caractérisent
le sage. Pour le connoître en
particulier, ou en détail, il faut
voir le portrait que *Socrate* en
a fait. Ce portrait est si beau,
& convient si bien à cette histoire des Anciens Philosophes,
que je crois devoir en enrichir
ce discours. Je me servirai de
la traduction de M. l'abbé
Sallier.

Le vrai Philosophe, n'a
jamais su, pas même dans sa
plus tendre jeunesse, le chemin
pour aller dans la place publique. Il ne sait pas en quel endroit se jugent les procès, ni
celui où se font les délibérations

fur les affaires d'état, ni s'il y
a pour le corps de ville quelqu'autre lieu d'assemblée. Il ne
parvient rien à lui des ordonnances, des décrets, des jugemens prononcés ou écrits : il ne
les lit point & les entend encore moins prononcer. Tranquille & indifférent fur les honneurs & les richesses, immobile,
il laisse courir les autres après.
La brigue, les cabales pour le
gouvernement, les parties de
tables, ces soupers & ces cour-
ses nocturnes, qui se font avec
des musiciens & des musicien-
nes, tout cela lui est inconnu.
Il ne s'y rencontre pas même
en songe. Y a-t-il quelque nouveauté, quelqu'avanture heureuse ou malheureuse dans la

ville ? en est-il arrivé à tels ou
tels ou avant eux, à quelques-uns
de leurs ancêtres , homme ou
femme , il sait moins tous ces
détails que le nombre de verres d'eau qu'il y a dans la mer.
Il ne sait pas même qu'il ignore
ces choses ; car ce n'est point
pour acquérir de la réputation,
ni par vanité qu'il néglige tant
de vains objets ; c'est qu'en effet
il n'a que le corps dans ce séjour des vivans : il n'y est que
comme en passant ; mais son
esprit pénetré du peu de prix
des choses d'ici-bas, n'en estimant aucune : tantôt il perce les
profondeurs de la terre, parcourt
les espaces immenses de sa sur-
face , pour porter de tous côtés
le flambeau de la géométrie ;

tantôt, comme dit *Pindare*, par
son vol, il s'élève au-dessus des
cieux pour y considérer, avec
le secours de l'astronomie, ces
corps brillans qui roulent sur
nos têtes : & enfin, il cherche
à pénétrer la nature des êtres
de chaque partie de l'Univers,
sans jamais descendre à aucune
des choses particulières qui l'en-
vironnent.

Le Philosophe ignore qui est
son voisin ; non-seulement il
ne sait ce que fait ce voisin ;
mais à peine sait-il si c'est un
homme ou un animal de quelque autre espèce. C'est que d'un
autre côté le Philosophe ne
songe continuellement qu'à faire des recherches sur la nature
de l'homme, sur ce qui lui est

propre & convenable, fur la
différence qui le diftingue des
autres animaux, foit dans fes
paffions, foit dans fes actions :
voilà quelle en eft l'étude la plus
ordinaire . . . . . .

A voir l'air embarraffé dont
il s'y prend, quand il faut dif-
courir fur ces fujets, vous le
croiriez un homme fans efprit.
Il vous en parle avec fi peu de
grace, qu'il vous paroît imbé-
cille. Qu'on l'accable de termes injurieux & offenfans, il
ne répondra point par des invec-
tives aux perfonnes qui l'atta-
quent ; comment feroit-il ? Il
ne connoît rien de ce qui peut
être un fujet légitime de reproche aux particuliers : il n'en
a jamais étudié les défauts, &

ce ne sont pas là les objets qui l'occupent.

Vantez devant lui ce qu'on appelle grandeurs humaines, choses qui inspirent tant de fierté à plusieurs ; le Philosophe ne pourra s'empêcher de rire, & ce ne sera point un rire équivoque, mais si vrai & si marqué, qu'on le regardera comme un fou, & un radoteur.

S'il entend les louanges d'un tyran, d'un roi, il s'imagine entendre louer un pâtre de brebis, de bœufs, de pourceaux, qui sait tirer un grand profit d'un troupeau qu'un maître lui a confié. La seule différence qu'il apperçoit est que ce tyran ou ce roi ont affaire à un troupeau plus difficile à conduire, & plus ca-

pable de mauvaise volonté ;
mais le Philosophe ne croit
pas ce tyran ou ce roi moins
grossier, ni plus instruit que ce
pâtre commun ; car une mul-
titude d'affaires le détourne
de la réflexion . . . . .

Le Philosophe accoutumé à
étendre ses regards sur toute la
terre, trouve que c'est priser
quelqu'un par des biens petites
choses, que de vanter sa puissance, parce qu'il possède dix
mille arpens de terres, ou plus,
comme si cette possession devoit paroître admirable.

Il en est de même des avantages de la naissance. On exal-
tera quelque fois celle d'un noble, qui peut vous montrer dans
la ligne d'où il descend, six

ou sept ayeux illustres par l'opulence & la grandeur de leur maison. Consultez l'impression que de telles louanges font sur l'esprit du Philosophe, il vous répondra que c'est se laisser éblouir, & avoir des vues bien courtes, que de choisir ce côté-là d'un homme pour le louer : C'est être incapable d'embrasser l'immensité de la nature, & ne savoir imaginer, ce qui est très-aisé, c'est qu'il n'y a pas de particulier qui ne compte une infinité d'ayeuls, de bisayeuls, entre lesquels il y en a de riches & de pauvres, de rois & d'esclaves, de Barbares & de Grecs.

Mais rien au Philosophe ne paroît comparable à la petitesse

d'esprit de ceux qui se croyent quelque chose de grand, ou parce qu'ils peuvent vous faire voir une liste suivie, jusqu'à eux de vingt-cinq auteurs, depuis Hercule, fils d'Amphitrion, ou parce qu'en remontant depuis Hercule, ils portent leur origine jusqu'à vingt-cinq autres ancêtres ; d'où il suit qu'ils ont le glorieux avantage de pouvoir dire qu'ils sont les cinquantièmes en descendant. Le Philosophe rit à voir les bornes étroites de l'imagination de ces personnes & le vuide de ces folles prétentions, dont elles ne peuvent se détacher.

Enfin dans toutes ces occasions où le Philosophe se moque, il est aussi moqué : on le

traite d'homme véritablement
fier & dédaigneux, ou d'homme qui ignore les choses de la
vie les plus ordinaires, & qui
est embarrassé à chaque occasion (*a*).

Il faut convenir que les sept
Sages de la Grèce n'ont pas
eu tous ces caractères. *Thalès*,
plus physicien que moraliste,
avoit des mœurs très-simples &
très-réglées, & étoit cependant
athée déclaré. *Solon* parla à
Crésus, puissant roi de Lydie,
avec la même liberté qu'il auroit parlé au dernier de ses sujets, & lui fit connoître la vé-

____

(*a*) *Mémoires de l'Académie Royale des Ins-*
criptions & Belles-Lettres, tom. XIII. page
317 & suiv.

rité avec cette noble hardieſſe
que donne à une ame élevée
la juſtice d'une bonne cauſe ;
mais il acquit de grands biens
par le commerce, afin de réparer les pertes qu'il avoit faites
d'abord par ſon déſintéreſſe-
ment.

Pittacus gouverna ſa patrie
avec beaucoup de ſageſſe, &
abandonna le ſceptre, dès que
le peuple lui en laiſſa la liberté.
Il s'abſtint des grands plaiſirs,
& vécut aſſez dans le recueille-
ment. Cependant il étoit fier,
& il commit un meurtre en
tuant le tyran, qui véritablement
opprimoit ſa patrie, mais qui
ne devoit pas périr par ſes mains.

Bias ne faiſoit aucun cas des
biens de la terre, & n'eſtimoit

que la vertu ; mais il ne cessoit de recommander de regarder les meilleurs amis, comme s'ils pouvoient devenir des ennemis : maxime cruelle, qui empoisonne toutes les douceurs de l'amitié. *Cléobule* étoit colère ; *Myson* indolent, & *Chylon* s'adonna à l'astrologie, & voulut prédire l'avenir, par la connoissance des astres ; c'est-à-dire déduire des conséquences qu'il donnoit pour véritables, de principes absolument faux.

Cependant ces Sages donnèrent un ton réglé à la Philosophie, & ouvrirent les routes qui conduisent à l'acquisition de cette belle science. *Thalès* surtout fit les plus grands frais de défrichement. Il allia la mo-

rale à l'étude de la physique &
de l'astronomie, & forma ainsi
la première secte de Philosophes, qu'on appella *Secte Ioni-*
que. Elle étoit composée de
physiciens & d'astronomes ,
parmi lesquels on distingue
Anaximandre, disciple de *Tha-*
lès, *Anaximènes*, successeur d'*A-*
naximandre, & *Anaxagore*, disciple d'*Anaximènes*.

Ces Philosophes firent de
belles découvertes en astronomie, & ébauchèrent la théorie
de la physique. Le dernier
transféra à Lamsaque l'école de
Thalès, établie à Milet. Son
mérite le faisoit rechercher par
les personnes les plus considérables. Et les princes, qui ré-
gnoient dans l'Asie mineure,
l'appelloient

l'appelloient auprès d'eux, pour profiter de ses lumières. Il laiſſoit, pendant ſon abſence, le ſoin de ſon école à un nommé *Diogène*, d'Appollonie, qui y préſidoit noblement. Ce Philoſophe croyoit qu'il y avoit dans l'air quelque choſe d'immatériel; & il appelloit l'air le réſervoir des eſprits ſéminaux, qui peuplent la nature de toutes ſortes d'êtres.

Enfin *Archelaus* fut le premier profeſſeur de la ſecte Ionique. Il ne changea rien à la doctrine d'*Anaxagore*; & avec cela il eut un grand nombre de diſciples, qui le comblèrent de joie.

Dans ce tems-là le célèbre *Pythagore* couroit le monde pour

voir les savans & s'instruire auprès d'eux. Ses voyages lui procurèrent des connoissances dans
tous les genres. Sans s'astrein-
dre à aucune secte, ni s'assujet-
tir à aucun systême, il embrassa
toutes les sciences, & y fit des
progrès étonnans. Il eut pour
disciples quatre Philosophes célèbres ; savoir *Empedocle* , qui
cultiva particulièrement la physique ; *Architas* , qui fut grand
méchanicien & habile géomé-
tre ; *Alcmeon* , de Crotone, qui
appliqua la Physique à la
médecine ; *Philolaé* , qui soutint le mouvement de la terre
autour du Soleil ; *Thimé* de
Locres, grand partisan du systême de *Pythagore* , sur l'ame du
monde ; & *Ocellus*, de Lucanie,

qui croyoit qu'il n'y a que l'espace compris au-dessous de la lune, où il y ait du trouble & de l'agitation, & que tout le reste de l'Univers est tranquille. D'où ce Philosophe concluoit que l'espace qui est au-dessus de la lune est composé d'une matière différente de celle qui est au-dessous. Celle-ci est formée de quatre élémens, qui s'y livrent un combat continuel ; & il appelloit l'autre le cinquiéme élément, ou la cinquiéme essence qu'on nomma ensuite Ether.

C'est ainsi que les disciples de *Pythagore* continuoient à défricher le vaste champ de la Philosophie. Cette science si embarrassée & si épineuse dans

son origine , commençoit à
prendre forme. On avoit déja
fait des progrès assez considérables dans plusieurs de ses parties. Les mathématiques sur-
tout étoient assez avancées; mais
on n'avoit pas réussi de même
dans la morale.

Cette science est pourtant
la science propre de l'homme.
Elle régle sa conduite & ses
mœurs : elle lui fait connoître
les avantages du savoir ; & elle
lui apprend l'art de se rendre
heureux. Sans elle toutes les connoissances sont perdues pour
soi & pour les autres , parce
qu'elles n'ont aucun but qui
tende à notre bonheur.

Socrate reconnut le premier
cette vérité. Il s'attacha unique-

ment à la morale, & en fit
le tronc de l'arbre philosophique, ou la base de la Philosophie. Il eut pour disciples
Phedon, *Plistane* & *Medenème*,
pour ne citer ici que les principaux.

Ces Philosophes cultivèrent la
morale exclusivement à toutes
les autres connoissances, sans y
faire cependant de grands progrès. Cette unique étude les con-
duisit à la nonchalance. Con-
tens de bien vivre, & d'inviter
les autres à en faire autant, ils
passèrent leurs jours dans une
douce oisiveté.

Ce n'étoit pas-là tout-à-fait
vivre en sage, & ce ne fut pas
la conduite de tous les Philosophes qui avoient étudié sous

Socrate. *Euclide* de Mégare, qui avoit une estime toute particulière pour ce Sage, à l'étude de la morale joignit celle de la logique. Il forma ainsi une nouvelle secte, qu'il appella *Secte Mégarique*, & qu'on nomma dans la suite *Secte contentieuse*, parce qu'elle réduisoit tout à la dispute. C'étoit un mal qui causa bien du désordre après la mort d'*Euclide*.

L'envie de disputer gâta tous les disciples de ce Philosophe. Ils devinrent pointilleux, querelleurs, pédans. Ils contestoient tout avec chaleur, ne convenoient de rien, & finissoient par se dire des injures. Chacun d'eux avoit inventé un moyen pour rendre les disputes plus fâcheuses, & pour les perpétuer.

Un Philosophe de cette secte, nommé *Eubulide*, imagina différens sophismes pour mieux embrouiller les questions, afin qu'on pût parler beaucoup sans s'entendre. Ces sophismes étoient distingués par les noms de *menteur*, d'*obscur*, de *masqué*, de *Sorite*, &c.

Stypon, autre Philosophe de cette secte, voulut la réformer. Il commença par en bannir tous ces sophismes, & supprima & les propositions générales, comme trop vagues, trop peu approfondies, & les propositions conditionnelles, comme une source féconde d'erreurs. Il fit connoître par-là tout le vice de

la doctrine d'*Euclide*. Cela dé-
goûta les Philosophes de la dia-
lectique ; car rien ne dégoûte
plus d'une chose qu'on avoit
adoptée avec confiance, sur la
foi de quelqu'un, que de connoître qu'on a été trompé.

Aussi *Aristipe*, qui avoit pris
des leçons de philosophie de
Socrate, conseilla à tous les
Philosophes de n'étudier que la
morale, parce qu'il prétendit
qu'elle conduit au bonheur par
la voie de la volupté. Ce Philosophe prouva assez bien cette
doctrine.

Cependant *Hégésias*, disciple des ses disciples, voulut
traiter la morale d'une manière plus conforme à la vertu.
Il la fit consister en ce point :

la mort n'est pas un mal, parce qu'elle nous délivre de toutes les peines, des soucis & des afflictions qui empoisonnent le cours de notre vie. De cette vérité, il déduisoit toutes les peines & morales & physiques de l'homme, & concluoit que l'espérance d'en être délivré par la mort, doit faire notre consolation dans cette vie.

La mort étoit donc, suivant *Hégésias*, le plus grand bien qui pût arriver à un homme. Ce Philosophe prêchoit cette doctrine à Cirène avec tant de feu, que plusieurs personnes se tuèrent pour la mettre en pratique. *Hégésias* se formoit ainsi des disciples, en dépeuplant la ville. Quelqu'un qui ne se

laissa pas éblouir par l'éloquence d'*Hegésias*, désilla les yeux
de ceux qui se laissoient séduire,
en apostrophant ainsi ce Philosophe. Fou que tu es, lui dit-il,
si tout ce que tu dis est vrai, que
ne meurs-tu donc ? Ainsi finit
la Philosophie d'*Hégésias*.

Le Philosophe, qui pa-
rut ensuite sur la scène, se déclara disciple d'*Aristipe* : c'est
Annicéris. Il prétendit que la
vraie volupté qui, selon son
maître, devoit faire le bonheur
des hommes, consiste à être
utile aux autres hommes, &
à préferer les intérêts de la société aux siens propres. C'étoit-
là, sans-doute, une très-belle
doctrine. A cela il ajoutoit une
maxime qui demandoit quel-

ques éclaircissemens : c'est que
dans l'état naturel, il n'y a ni
mal, ni justice, ni injustice, ni
vice, ni vertu.

La nouveauté de cette ma-
xime piqua la curiosité des
aspirans à la Philosophie. Ils
l'estimèrent vraie à bien des
égards. L'un d'eux, appellé
Anthistène, l'ayant interprétée à
sa manière, soutint qu'il n'y
avoit point de vertu telle que
Socrate l'entendoit, & telle que
nous l'entendons aujourd'hui;
mais que la vertu est le mépris
de tout ce que les hommes estiment & recherchent. Il blâma
donc hautement les opinions
réunies, & fonda ainsi la secte
des Philosophes ciniques ou
aboyeurs.

Anthistène eut un disciple qui fit bien valoir sa doctrine ; c'est *Diogène*. Ni la pauvreté, ni la douleur, ni les disgraces, ni les injures ne l'effrayèrent point. Il prit pour honnête tout ce qui étoit naturel, sans avoir égard à la décence & aux usages. Il vivoit, parce qu'il falloit vivre, & attendoit la mort sans la desirer, ni la craindre.

Cette doctrine eut beaucoup de partisans, parmi lesquels on remarque *Cratès*, qui se distingua en faisant publiquement les actions les plus honteuses, ou les plus contraires à l'honnêteté publique, & en préférant ses haillons à la pourpre des rois, & son bâton à la voiture la plus commode. C'étoit réduire les choses à la nature, d'où le sage ne doit point s'écarter ; mais ce n'étoit point réduire la philosophie en préceptes.

Platon, l'un des disciples de *Socrate*, après avoir voyagé dans tous les pays où il crut acquérir des connoissances, ouvrit une école publique de Philosophie, qui porta le nom d'Académie.

Cette Académie étoit dans une espèce de parc, situé aux portes d'Athènes, lequel étoit orné de cabinets de verdure, & de toutes sortes d'arbres. C'est-là que *Platon* enseigna l'astronomie, la physique, les belles-lettres, la poésie, la théologie & la géométrie, dans laquelle il avoit fait de grands progrès.

Les principaux professeurs de cette première Académie, furent *Speusique*, neveu de *Platon*, *Xenocrate* & *Polémon*, qui firent bien valoir la doctrine de leur maître.

Cependant d'espèces de Philosophes plus curieux de se singulariser, que de devenir savans, dédaignèrent la doctrine de *Platon* & son savoir, & soutinrent, avec autant de hardiesse que s'ils avoient eu raison, que l'homme ne pouvoit parvenir à la connoissance de la vérité.

Arcesilas est le premier qui a osé enseigner cette erreur. Il disoit encore que les Dieux échangent continuellement les ames des hommes, en les faisant passer d'un corps dans un autre corps. *Arcésilas*, qui prétendoit que l'homme ne pouvoit rien savoir, savoit pourtant cela, & ce n'étoit pas assurément une petite science. Il croyoit même avoir fait une belle découverte, parce qu'il expliquoit par-là comment l'ame & le corps ne s'accordent pas toujours ensemble.

Cette opinion ne prit pas de fortes racines dans la tête des Philosophes. On ne connoît qu'un seul disciple d'*Arcésilas*, nommé *Lacyde*, dont la vie n'offre de remarquable que l'amitié qu'une oïe eut pour lui. Cet animal qui passe pour bête parmi les bêtes, ne l'abandonnoit ni le jour ni la nuit : il le suivoit par tout. *Lacyde* le pleura à sa mort, comme s'il eût perdu son fils, & lui fit faire des obsèques magnifiques. Cet événement termina la seconde Académie.

Carnéade, en s'éloignant des sentimens d'*Arcésilas*, & en se rapprochant de ceux de *Platon*, forma une troisième Académie. C'étoit un homme éloquent, qui avoit le don de la persuasion; mais sa doctrine ne fit pas fortune, parce que l'éloquence ne démontre pas. Le fond de cette doctrine est que l'homme ne peut pas connoître les vérités constantes, telles que les vérités méthaphysiques, parce que les besoins du corps le captivent, & le rapprochent trop des choses sensibles. Cependant *Carneade* prouvoit également bien deux propositions contradictoires, & déterminoit les esprits en faveur de l'une & de l'autre, ou plutôt leur persuadoit une chose impossible ; c'est qu'elles étoient toutes deux vraies.

On peut regarder cette Académie comme la dernière ; car il ne faut pas compter les deux Académies que voulurent fonder *Philon* de Lavisse & *Antiochus*, son élève, parce que ces Philosophes n'avoient aucune doctrine assez remarquable pour les caractériser ; mais il arriva une révolution à la Philosophie qui en changea désormais & le fond & la forme.

Le célèbre *Aristote*, disciple

de *Platon*, doué d'un génie supérieur à celui de tous les Philosophes de l'antiquité, embrassa avec ardeur toutes les connoissances humaines, & après
les avoir cultivées avec un égal
succès, il forma une nouvelle
philosophie qui mérita l'estime
des doctes, & qui se soutint
jusqu'à la renaissance des lettres.
Il découvrit les principales sources de l'art de raisonner ; per-
ça le fond des pensées des hommes ; lia ces pensées les unes aux
autres, les ramena à un point
fixe ; & enfin voulut connoître
& fixer les bornes de l'enten-
dement humain.

Cette entreprise étoit trop
hardie, & ses succès étoient
trop beaux pour n'être pas ad-

mirés. *Aristote* porta la même lumière dans la science des choses naturelles, & s'il n'y fit pas les mêmes progrès, il n'en eut pas moins la gloire d'avoir voulu expliquer le premier tous les phénomènes de la nature.

Toutes les ames sensibles regardèrent *Aristote* comme un prodige. On l'appelloit l'esprit, l'intelligence par excellence.

Cependant des prêtres (c'étoit les prêtres de Cérès) jaloux de sa supériorité, & animés par un sentiment qu'ils ne devoient pas connoître, je veux dire l'orgueil, suscitèrent des persécutions à ce grand homme, & l'obligèrent à se retirer à Chalcis.

En quittant Athènes où il

enseignoit sa Philosophie, *Aris-*
tote nomma *Théophraste* pour
son successeur, & lui légua ses
manuscrits. Ce Philosophe né af-
fable & obligeant, sut se concilier l'amitié de tout le monde.
Il avoit une éloquence douce
& aimable, dont il faisoit sur-
tout usage pour faire valoir le
mérite.

Cette manière d'enseigner la
Philosophie auroit dû faire
beaucoup de prosélites ; mais si
les prêtres, honteux de la conduite qu'ils avoient tenue envers
Aristote, gardèrent le silence,
les rhéteurs & les pédans ne vi-
rent point de bon œil cet as-
cendant que les Philosophes s'é-
toient acquis ainsi sur l'esprit du
peuple. Ils obtinrent de *Sopho-*

cle, fils d'*Amphiclide*, une loi qui défendoit à tous les Philosophes d'enseigner publiquement, sans une permission expresse du sénat, & qui portoit la peine de mort contre tous ceux qui n'obéiroient point à cette loi.

Les Philosophes, indignés de ce procédé, sortirent tous d'Athènes. Leurs ennemis s'applaudissoient de leur triomphe; mais un disciple d'*Aristote*, nommé *Philon*, rabattit cette gloire, en faisant l'apologie des Philosophes. *Démocharès*, parent de *Démosthène*, attaqua cette apologie, & fit une critique si amère, si fausse & si indécente de la conduite des Philosophes vivans, que le peuple

en fut indigné. Il abolit la loi
de *Sophocle*, & le condamna
lui-même à une amende de
cinq cens talens.

Les Philosophes furent donc
invités à ramener la raison & le
savoir à Athènes, & ils se rendirent à cette invitation. *Théo-*
phraste étoit mort, & cette perte
avoit fait une grande plaie à la
philosophie. *Démétrius*, *Strabon*,
Lycon, *Ariston*, *Cribolaüs* &
Diodore, tâchèrent de reprendre
le fil des études, mais ils s'é-
garèrent dans leurs travaux.
Strabon fut le seul qui eut assez
de sagacité pour former une
nouvelle doctrine philosophique. Il établit d'abord que la
nature étoit Dieu ; & en second
lieu, il dit que la nature étoit

une force répandue par-tout ,
qui vivifie la matière, & qui
produit tous les êtres. Il alla
même plus loin, & avança hardiment qu'un être intelligent
n'avoit pû créer le monde, &
qu'il ne peut pas le gouverner.

Strabon n'eut point de disci-
ciples. Une nouvelle secte de
Philosophes se forma par les
soins de *Xénophane*. Cette secte
ne fut pas d'abord considérable; mais elle le devint dans
la suite. Son fondateur composa des poëmes, dans lesquels
il exposa ses pensées philosophiques. Il disoit que dans la
vie il y a plus de maux que de
biens, plus de chagrins que de
plaisirs. Il soutenoit encore
qu'il n'y a point de mouve-

ment ; que rien ne vit, ne croît
ni ne meurt, & que les changemens que nous voyons font
de pures apparences, des illusions grossières.

Parménide & *Melissus*, disciples de ce Philosophe, furent
très-empressés à faire valoir ces
paradoxes. A la doctrine de son
maître, *Parménide* ajouta un
systême métaphysique sur les
idées. Il prétendit que nous ne
sommes pas les maîtres de créer
nos idées ; que la première de
toutes les idées est le beau & le
bon, c'est-à-dire Dieu même,
& que toutes nos idées dérivent
de celle-là.

A l'égard de *Melissus*, son
sentiment étoit que toutes choses sont une, qu'elles sont im-

mobiles, & qu'on ne pourra jamais les comprendre. Cela n'étoit ni beau ni neuf. Cependant *Mélissus* eut la gloire de former *Zénon* d'Elée, qui enchérit beaucoup sur la doctrine de *Xénophane*. Il s'attacha à prouver qu'il n'y a point de mouvement, & nia qu'il y eût même des apparences & des illusions, parce que, selon lui, il n'y a rien du tout.

Il falloit avoir l'esprit de *Zénon* pour dire des choses si absurdes, sans passer pour fou ; mais ce Philosophe parloit si bien qu'on l'écoutoit avec plaisir. Néanmoins ses disciples ayant examiné de sang froid cette suite d'opinions bizarres, la regardèrent comme une débauche d'esprit, & l'abandonnèrent entièrement. Ainsi finit la secte de *Xénophane*, appellée secte *Eléatique*.

Leucipe, disciple de *Zénon*, fut le principal auteur de cette désertion. Méprisant ces subtilités scholastiques, il s'attacha à une étude particulière plus solide. Il voulut expliquer la construction de l'univers, & crut qu'il étoit composé de vuide & d'atomes.

Démocrite adopta ce systême; mais il ajouta que ces atomes en se mouvant sans-cesse dans un vuide infini, devoient faire plusieurs mondes. Ce Philosophe n'avançoit pas cela si positivement, qu'il ne laissât à chacun la liberté de le croire ou de ne le pas croire. Lui se mocquoit de tout, & ne prenoit jamais les choses qu'en riant, bien différent d'*Héraclite*, qui ne cessoit de verser des larmes.

Ce Philosophe n'en cherchoit pas moins la cause des effets de la nature. Quoiqu'il déplorât la condition des hommes, il travailloit cependant à les éclairer. Il vouloit que le feu fût le principe de toutes choses, & disoit que le monde est fini, & que le même feu, qui lui a donné naissance, le détruira insensiblement.

Héraclite ne laissa point de disciples, parce que les hommes aiment mieux rire que pleurer. Par cette raison, *Démocrite* eut des partisans de sa doctrine. *Epicure* fut un de ses plus zélés défenseurs. Il trouva l'idée des atomes si belle, qu'il crut qu'avec ces petits corps on pouvoit expliquer tous les effets de la nature. Il les divisa par classes; leur assigna des fonctions différentes, & forma ainsi un sys- tême lié, suivi & raisonné, qui a eu des admirateurs éclairés.

Les autres disciples de *Démocrite* sont *Protagoras*, *Anaxar-que* & *Pyrrhon*. Le premier avoit été crocheteur, & il s'étoit acquis l'estime de *Démocrite*, par l'art avec lequel il avoit lié les faix de bois qu'il portoit. *Anaxarque* fut assasiné sur un grand chemin ; & *Pyrrhon* s'attacha sur-tout à prouver que la nature intérieure des choses nous est absolument cachée. Ce Philosophe se mettoit au-dessus des honneurs & des injures. L'estime des hommes, disoit-il, ne vaut pas mieux que leur mépris, & leur amitié n'est pas plus à desirer que leur haine. Son grand principe étoit de douter de tout.

Pyrrhon eut peu de disciples. Un génie hardi établit une école, dans laquelle il annonça une doctrine qui conduisoit à la véritable sagesse, & qui entraîna tout le monde. *Zénon*, de Chypre prétendit que toute la philosophie consiste à se roidir contre les charmes de la volupté, à ne point reconnoître de maux dans ce monde, ni physiques ni moraux, & à nier que la douleur même soit un mal. Il ne

connoissoit de mal que le
vice, & de bien que la vertu.

Quoique ce systême ne pût
s'accorder avec la constitution de l'homme, l'idée en parut si noble & si sublime, que
le peuple y applaudit. L'école
de *Zenon*, ou comme on l'appelloit le portique, & connue
depuis sous le nom d'école *Stoï-
cienne*, fut très-fréquentée jusqu'à la mort de ce Philosophe ; mais les sciences ayant
passé de la Grèce à Alexandrie,
les savans se dispersèrent. Les
Ptolomées, qui s'emparèrent de
la royauté après la mort d'*A-
lexandre* le Grand, firent d'A-
lexandrie la capitale de leur
empire ; y formèrent une Académie & une bibliothéque, &

n'oublièrent rien pour y attirer les Savans de toutes les nations.

Ces Souverains leur offrirent tous les secours qu'ils pouvoient desirer. Par leurs soins & leurs recherches la bibliothèque se trouva insensiblement compo-sée de sept cens cinquante mille volumes. Les Egyptiens la nom-moient le trésor des remédes de l'ame. En effet, le but de toutes les sciences est de gué-rir les maladies de l'ame, en la ramenant toujours aux principes naturels.

Les Alexandrins regardoient la gloire de l'esprit, comme la seule qui dût illustrer une nation, & qui pût la rendre heureuse. Cet amour de la gloire étoit même si grand chez eux, qu'ils envioient jusqu'à celle des Grecs. Une noble émulation se seroit emparée de tous les esprits du monde, si les Romains n'y eussent mis obstacle. Ces peuples croyant que la véritable félicité consiste à se rendre formidable au-dehors, & à être bien unis au-dedans par des loix sévères, jugèrent que les sciences étoient inutiles à ce plan de politique. Aveuglés par l'ignorance & par cette fausse opinion de la grandeur & du bien être, M. *Pomponius*, prêteur, représenta au sénat, au nom de la nation, que les Philosophes étoient des gens inutiles & pernicieux qu'il falloit chasser de Rome.

Le sénat eut égard à ses raifons, & rendit un décret qui ordonnoit à tous les Philoso-phes, à tous ceux qui cultivoient les sciences, de sortir de leur ville. Les Romains chassèrent aussi les médecins peu de tems après, & dépourvus de tous secours pour l'ame & pour le corps, ils se trouvèrent bientôt en proie à toutes sortes de maux.

Quand on lit avec attention l'histoire Romaine, on ne voit parmi les Romains, que trou-bles, inquiétudes, meurtres, séditions. La témérité & l'in-justice étoient leurs forces, & leur ambition le motif de leurs entreprises. « Ces Pilleurs de » l'univers (disoit un prince de la grande-Bretagne, que César avoit attaqué) « après avoir ra-

» vagé toute la terre, viennent
» maintenant écumer la mer :
» ils sont avares quand leur en-
» nemi est riche, ambitieux
» quand il est pauvre. L'Orient
» & l'Occident ne suffisent pas
» à leur ambition ; ils veulent
» être les maîtres des pays fer-
» tiles, & de ceux qui ne le sont
» pas. Tuer des hommes, c'est
» les vaincre. Piller & envahir
» des royaumes, sous de faux
» prétextes, c'est les conquérir.
» Telle est leur politique ; &
» après avoir bouleversé & fait
» de l'univers une affreuse so-
» litude, ils se vantent d'avoir
» mis par tout la paix (*a*).

(*a*) *De l'esprit & de la vertu des Romains*,
dans *l'Anonimiana*, *ou les mélanges de poésie*,
d'éloquence ou d'érudition, page 49.

Cette politique ne pouvoit pas être assurément celle des Sages ; aussi le lien qui formoit l'union des Romains , étoit plutôt celui de la nécessité, que le lien de la simpathie des humeurs. Il falloit opposer à une haine générale, des forces unies, à l'animosité de toute la terre, beaucoup de valeur, à la jalousie des autres peuples, une constance opiniâtre. Il falloit vaincre, si l'on ne vouloit être vaincu, ou conserver sa vie aux dépens de celle des autres, ou se résoudre à la perdre honteusement par sa lâcheté (*a*).

Telle étoit la condition des Romains. Il parut cependant

______

(*a*) *Ubi supra*, page 50.

de grands hommes parmi eux.
Lorsque *Auguste* fut maître de
l'Empire , il voulut rendre sa
cour polie & spirituelle. Il ac-
cueillit & récompensa les beaux
esprits. Il fit bâtir un temple
à *Appollon* , & l'orna d'une bibliothèque magnifique. A l'é-
gard de la philosophie, il adopta
celle d'*Epicure* , parce qu'il
la croyoit la plus capable d'a-
doucir les mœurs des Romains.

Tout annonçoit le calme &
la paix ; mais *Néron* gâta ce
beau commencement. Il forma
le projet d'étouffer toute la vertu
qui restoit sur la terre , pour me
servir de l'expression de *Tacite* ,
& de montrer que si les autres
empereurs avoient eu le pouvoir
de faire mourir des hommes mé-

chants, il auroit celui de faire mourir les hommes vertueux. Il commença par les Philosophes, & finit par les honnêtes gens.

Les premiers revinrent après la mort de *Néron*, & parurent dans Rome avec un air de hauteur & de supériorité, qui offensa l'empereur *Vespasien*. Ils refusoient de se lever lorsqu'ils le rencontroient aux promenades & aux spectacles : aussi *Vespasien*, jaloux de son autorité, éloigna les Philosophes de Rome.

Titus les rappella. Comme il étoit bienfaisant, les Philosophes trouvèrent un accès facile auprès de sa personne. Il conversoit & s'instruisoit volontiers avec eux. Il aimoit même qu'on lui dît la vérité ; & c'étoit le moyen de s'attacher des Sages qui n'estiment que la vérité dans ce monde. *Appollonius* de Thiane lui rappelloit sur-tout ses devoirs, & *Titus* l'écoutoit avec complaisance.

Cet Empereur eut pour successeur *Domitien*, son frère. Aussi méchant ou corrompu dans ses mœurs, que *Titus* avoit été bon & réglé dans les siennes, *Domitien* fut offusqué du mérite des Philosophes & des louanges qu'on ne cessoit de leur donner. Il leur chercha querelle, & les exila de Rome. Ils se retirèrent tous dans les Gaules & en Espagne, & n'emportèrent avec eux que les ouvrages de *Platon*. Parmi

ces Philosophes on trouve *Epic-
tete*, qui soutint ses malheurs
avec un courage inflexible.

Il y avoit lieu de croire qu'on
ne verroit plus dans Rome des
Savans, ou des gens d'esprit ;
mais l'empereur *Adrien*, qui
étoit fort amoureux des choses
où il y avoit de l'éclat & de la
réputation à acquérir, voulut rétablir les sciences dans la capitale de son empire : il desira même passer pour Philosophe, mais
il n'en eut que la volonté. Son
gendre & son successeur fut plus
heureux que lui dans ce projet.

Doué des plus heureuses
dispositions, & formé par d'ex-
cellens maîtres, ce successeur si
connu sous le nom de *Marc-
Aulere Antonin*, devint vérita-

blement Philosophe ; mais il perdit peu à peu ses bonnes qualités , par la confiance qu'il eut aux avis d'une espèce de Philosophe , appellé *Aunuphis*. C'étoit un charlatan qui engagea *Marc-Aulere* dans la superstition. La magie devint à la mode , & comme ceux qui se disoient magiciens passoient pour des Savans , cette manie rendit peu à peu les sciences odieuses.

Les Philosophes ne goûtèrent point cet alliage. En vain voulurent-ils opposer la raison à la superstition , la vérité à l'erreur , les esprits étoient trop prévenus pour qu'on les écoutât : il fallut céder au tems & aux circonstances.

Plusieurs années s'écoulèrent

dans cet aveuglement général, jusqu'à ce qu'un Philosophe d'Alexandrie vint désiller les yeux de tout le peuple de Rome. Il se nommoit *Plotin*. Après avoir passé onze ans de suite à l'étude, sans se permettre ni aucune distraction, ni aucun plaisir, & s'être dérobé au commerce des hommes jusqu'à l'âge de quarante ans, il se rendit à Rome, & y établit une école de philosophie. Sa présence d'esprit, la simplicité de ses mœurs & de sa doctrine lui attirèrent un grand nombre de disciples. Il obtint même de l'empereur *Galien* la permission de rebâtir une petite ville de la Campanie pour la peupler de Philosophes, & y réaliser le

projet de la république que *Pla-*
ton a imaginée. Le fond de la
doctrine de *Plotin* étoit que le
monde a une ame, laquelle
nourrit & vivifie toute la nature.

Ce Philosophe forma *Porphyre,*
qui se montra d'abord digne de
lui par la vivacité de son esprit,
mais qui se rendit dans la suite
indigne de la qualité de Philosophe, en s'adonnant à la magie.
Il composa même un poëme sur
cet art, lequel parut fort beau
à ceux qui se donnoient pour
sorciers. Il étoit intitulé : *Des*
Noms sacrés. Le but de cet
ouvrage étoit d'établir & de
prouver la communication de
l'ame avec les génies.

C'étoit le goût du tems de
mêler les génies avec les

hommes. Pour s'y conformer sans doute, *Jamblique* composa une théologie mystérieuse fondée sur les besoins que les hommes ont des génies. Ce traité, quoique ridicule, procura cependant des disciples à ce Philosophe. Tels furent *Sopatre*, *Eustache*, *Théodore*, &c. qui obscurcirent la Philosophie, au lieu d'ajoûter à ses progrès. Des Barbares s'étant ensuite répandus dans l'Italie & dans les Gaules, y étouffèrent le goût des sciences & des arts. Dès la fin du cinquiéme siécle & au commencement du sixième, il n'y avoit presque plus dans l'Europe aucune trace de science & de vertu. Mais sous le règne de *Théodose* le jeune, *Hermeas*

& *Proclus*, établirent à Athènes une nouvelle école de Philosophie.

Proclus, après avoir fait une étude très-approfondie de la Philosophie, prétendit qu'*Orphée*, *Pythagore* & *Platon* avoient eu les mêmes idées, & que leur doctrine étoit semblable. Ses disciples crurent qu'en étudiant *Platon*, cette étude tenoit lieu de toutes les autres. Ils s'attachèrent à ce Philosophe, & tâchèrent de l'étendre & de l'expliquer.

Les autres Philosophes, que forma l'école d'Athènes, préférèrent *Aristote* à *Platon* & le commentèrent. Mais ces études furent interrompues par deux empereurs fanatiques, nommés

Léon l'Isaurique, & *Constantin Copronyme*. Ces Souverains ayant voulu détruire l'idolâtrie, brisèrent les images & firent une guerre ouverte à ceux qui s'opposèrent à leur action : les Philosophes furent enveloppés dans ce carnage, sans qu'on en sache la raison. Plusieurs d'entr'eux furent même assassinés de leur propre main. Ils brûlèrent les livres, les statues & les portraits des Philosophes anciens, avec celui à qui la garde en étoit confiée. Les autres empereurs iconoclastes firent le même ravage.

Un désordre si grand ne pouvoit avoir une longue durée. La paix vint enfin finir les allarmes & les persécutions. Le patriarche *Photius* voulut faire renaître les études en Orient. *Léon VI.* mérita le titre de Philosophe par l'acceuil qu'il fit aux Philosophes. Les Turcs même desirèrent voir fleurir les sciences dans leur empire ; mais tous ces efforts ne furent que des actes de bonne volonté.

Sans méthode & sans guide, il étoit impossible qu'on pût faire des progrès dans la philosophie. Tous ceux qui la cultivoient, avoient bien assez de sagacité pour en étudier quelques parties ; mais il leur manquoit la force d'esprit nécessaire pour former un plan d'étude, un systême ou corps de science. Ce ne pouvoit être que l'ouvrage d'un grand génie.

C'est ce que reconnurent les Arabes ; & comme ils ne se sentirent point assez éclairés pour l'entreprendre, ils prirent *Aristote* pour guide. Les plus habiles d'entr'eux le commentèrent. Et ce fut là désormais le travail des Philosophes, jusqu'à la renaissance des lettres. Un religieux de l'Ordre des Frères-Mineurs, chercha bien à frayer une route nouvelle aux Philosophes du tems, mais il ne fut pas écouté. Cet illustre personnage, si connu sous le nom de *Roger Bacon*, fit pourtant de très - belles découvertes, & composa des ouvrages admirables, qu'on n'apprécia point. Il falloit que le voile de la prévention, en faveur *d'Aristote*,

fût déchiré, pour connoître le
prix de ses ouvrages, & cet
heureux événement arriva dans
le quatorzième siècle, cent ans
après *Roger Bacon*.

Tel est en abrégé toute
l'histoire de la Philosophie an-
cienne. On ne lit point dans
cette histoire le nom de ces
Philosophes qui ont cultivé les
mathématiques, parce que les
mathématiciens ne formant
point de systêmes, n'ont pu
être compris dans une secte de
Philosophes. Ces hommes esti-
mables doivent cependant tenir un rang parmi les Sages,
& méritent d'autant mieux d'a-
voir une place distinguée dans
l'histoire de la philosophie, que
rien ne fait plus d'honneur à

l'esprit

l'esprit humain que la découverte des sciences exactes.

Tels sont *Pytheas*, de Provence, qui s'attacha uniquement à l'astronomie ; *Euclide*, qui rassembla toutes les vérités de géométrie que les Philosophes avoient découvertes, & en composa des élémens de géométrie ; *Archimède*, qu'on regarde avec raison comme le restaurateur des sciences exactes, qui fit beaucoup de découvertes dans ces sciences, & jetta les fondemens de toutes celles qu'on pourroit faire dans la suite ; *Aristotène*, qui cultiva avec le plus heureux succès la géométrie & l'astronomie ; *Appollonius*, qui découvrit la théorie des sections coniques ;

Hypparque & *Ptolomée*, qui font
les deux plus grands aftronomes
de l'antiquité ; *Diophante*, qui in-
venta l'algèbre ; *Albert* le Grand,
qui fut grand méchanicien ;
& enfin *Purbach* & *Régiomontan*,
qui enrichirent l'aftronomie de
très-belles découvertes.

Ce feront fans doute des
riches tableaux, que ceux qui
offriront les travaux de tous ces
grands hommes de l'antiquité ;
mais il ne faut pas s'attendre d'y
trouver le germe ou le principe
de toutes les découvertes qu'on
doit aux Philofophes modernes,
comme on l'a avancé depuis peu,
dans un ouvrage où l'on démontre (c'eft-à-dire où l'on prétend
démontrer) "que nos plus
célèbres Philofophes ont pui-

„ fé la plupart de nos con-
„ noiſſances dans les ouvrages
„ des Anciens. Car quoiqu'on
„ ait écrit dans cet ouvrage qu'il
„ n'eſt preſque pas des décou-
„ vertes attribuées aux Moder-
„ nes, qui n'ait été non-ſeule-
„ ment connue, mais même ap-
„ puyée par de ſolides raiſon-
„ nemens des Anciens „„, il n'eſt
pas moins certain que les anciens Philoſophes n'ont excellé
que dans la morale; qu'ils con-
noiſſoient à peine la phyſique;
qu'on ne leur doit que la géométrie élémentaire, & les premiers
principes de la géométrie com-
poſée, & qu'on a beaucoup ajouté à leurs découvertes ſur l'aſtro-
nomie & ſur la méchanique.
Platon, ſurnommé le Divin, a

noyé le monde dans ses idées,
comme *Aristote*, son disciple &
son rival, a noyé les sciences
dans les termes.

Si quelque chose fait véritablement honneur aux Philosophes de l'antiquité, c'est d'a-
voir nourri dans leur cœur des
sentimens de probité, sans l'a-
liment des espérances & des
craintes, comme le remarque
fort bien le traducteur des *Vies*
de *Diogène* de Laërce, dans le
discours qui est à la tête de sa
traduction. " Il falloit, ajoute
„ ce traducteur, qu'ils fussent
„ bien élevés par leur manière
„ de penser & de sentir, pour
„ n'envisager dans tout ce qu'ils
„ faisoient, que l'esprit d'or-
„ dre, ou la raison. Vertueux

„ par réflexions, ils n'étoient
„ point soumis à ces alternati-
„ ves de bien & de mal, où
„ flotte sans-cesse l'homme de
„ passions , à ces vicissitu-
„ des continuelles qui caracté-
„ risent les vertus de tem-
„ pérament. Enchaînés une
„ fois au char de la vertu , on
„ ne les voyoit point immoler
„ au vice. Libres des chaînes
„ que la superstition étend de
„ plus en plus , ils suivoient en
„ tout la douce impulsion de la
„ raison ; agissoient constam-
„ ment, & d'une manière uni-
„ forme, & faisoient respecter
„ dans toutes leurs actions la
„ dignité de la nature humai-
„ ne.... La raison qui régloit
„ toutes leurs actions , donnoit

„ à leurs vertus une espèce d'im-
„ mobilité : en un mot les sen-
„ timens de probité entroient
„ autant dans leur constitution
„ que les lumières de l'esprit „.
Voilà véritablement en quoi
consistoit le mérite des Philosophes anciens , & l'avantage
qu'ils ont sur les Philosophes
modernes ; mais soutenir que
« les grandes vérités de système
„ reçues avec tant d'applaudisse-
„ mens depuis deux siecles ,
„ avoient été déja connues &
„ enseignées par *Pythagore* ,
„ *Aristote* & *Plutarque* , & que
„ nous devons penser qu'ils sa-
„ voient démontrer ces mêmes
„ vérités , quoique les raison-
„ nemens sur lesquels une par-
„ tie de leurs démonstrations

„ étoient fondées ne soient pas „ parvenus jusqu'à nous » , c'est écrire au hasard & sans connoissance de cause.

Il faut être bien étranger dans la métaphysique , pour penser que la métaphysique de *Locke* , & celle de *Mallebranche* ressemblent à celle d'*Aristote* ; bien neuf en géométrie pour croire que " les problêmes „ les plus difficiles dans cette „ science ont été résolus par „ *Thalès* , *Pythagore* , *Platon* , „ *Archimède* , *Appollonius* „ qui ne connoissoient ni l'algèbre , ni la géométrie transcendente ; bien peu connoisseur en méchanique , pour comparer les principes de méchanique des anciens Philosophes à la théorie qu'en ont donné les Philosophes de nos jours ; enfin fort mal instruit de l'astronomie & de la physique, pour ignorer que les Anciens n'avoient point d'instrumens pour observer les astres ; qu'ils ne connoissoient point le télescope, qui a fait voir un ciel nouveau, & qu'avant la physique expérimentale que les Philosophes modernes ont inventée, la physique étoit une science de mots.

Parce qu'on trouve quelques idées dans les ouvrages des anciens Philosophes, dont les Philosophes modernes ont fait usage, il ne faut pas pour cela crier au vol, au plagiat. Qu'importe, a-t-on déja dit, à la gloire de *Nevvton*, qu'*Empédocle* ait eu quelques idées informes du systême de la gravitation, quand ces idées ont été dénuées des preuves nécessaires pour l'appuyer ? Qu'importe à l'honneur de *Copernic* que quelques anciens Philosophes aient cru le mouvement de la terre, si les preuves qu'ils en donnoient n'ont pas été suffisantes pour empêcher le grand nombre de croire le mouvement du soleil ?

Au reste, c'est une vieille querelle que les gens peu instruits font aux Philosophes du jour. *Ciceron* s'en plaignoit dans son tems. La malignité des hommes, dit-il, fait qu'ils prodiguent les louanges aux anciens, à qui ils ne portent point

d'envie, afin d'obſcurcir la
gloire des modernes, dont ils
ſont jaloux (*a*). L'antiquité des
premiers hommes ne leur a pas
donné un degré d'excellence
qu'ils n'avoient point ; mais
le grand éloignement qu'il y a
entre eux & nous peut nous les
faire paroître plus grands qu'ils
ne ſont, & leur donner un luſ-
tre, qu'ils n'auroient pas, ſi
nous étions leurs contemporains.
L'on juge plus avantageuſement
des choſes qu'on ne voit pas,
dit *Tacite*, que de celles qui
ſont préſentes : *Majora credimus
de abſentibus.*

,, L'antiquité a encore cela

(*a*) *Vitio malignitati humanæ veſtra ſemper
in laude, præſentja in faſlidio.*

,, de particulier, dit l'auteur
,, anonyme d'une *Dissertation*
,, *sur Corneille Tacite*, qu'elle
,, ressemble à ces verres d'op-
,, tique, qui réunissent les ob-
,, jets. Nous voyons dans le passé
,, les choses éloignées les unes
,, des autres, comme si elles
,, étoient toutes du même tems ;
,, & c'est ce qui nous rend si
,, recommandables : un siecle
,, entre elles n'y fait pas une as-
,, sez grande différence pour
,, les distinguer (*a*) ,,.

Disons donc avec *Tacite*, que
toutes les bonnes & grandes
choses n'ont pas été faites par les
anciens, & qu'il s'en fait encore

____

(*a*) *Anonimiana*, ou *mélanges de poësie,
d'éloquence & d'érudition*, page 63.

de notre tems, qui méritent tous nos éloges, & d'être imitées par la postérité : *Nec omnia apud priores meliora, sed nostra quoque ætas multa laudis & artium imitanda posteris* (a).

Je l'ai dit : la morale est la science que les Philosophes anciens ont particulièrement cultivée, parce qu'elle est la Philosophie proprement dite ; ils sont presque tous moralistes. On trouve très-peu de métaphyciens, de dialecticiens ou logiciens chez eux, & on compte encore moins de mathématiciens & de physiciens : aussi la classe des moralistes composera plusieurs volumes dans cette His-

____

(a) *Tacit. Ann.* 3.

toire des Philosophes anciens, au lieu que celle des mathématiciens & des physiciens en formera à peine un. Je dis *Claſſe*, car je divise les anciens Philosophes par classes, comme j'ai divisé les Philosophes modernes.

Ce n'est pas-là la marche qu'ont suivi les Historiens de la philosophie. Ils ont écrit l'histoire des anciens Philosophes, suivant l'ordre chronologique, sans avoir égard ni au caractère particulier de chaque Philosophe, ni à sa qualité distinctive ; mais je crois avoir démontré le vice de cette méthode dans la préface du premier volume de l'histoire des Philosophes modernes. Aussi quoiqu'on ait composé plusieurs histoires de la Philosophie, qu'on ait écrit les vies, les eloges, les pensées, & les opinions des Philosophes, on n'a point écrit leur véritable histoire.

L'Historien de la philosophie le plus estimé & le plus digne de l'être, est sans contredit *Diogène* de Laerce. Il n'y a point de livres qui ait eu tant d'éditions, tant de traductions, tant de commentaires que le sien. Cependant ce livre a un défaut essentiel qui n'est point échappé à son dernier traducteur. " On trouve, dit-il, (dans „ le discours qu'il a imprimé à „ la tête de sa traduction) dans „ sa vie des Philosophes Grecs, „ leurs divers systême, un dé- „ tail circonstancié de leurs ac-

,, tions, des analyses de leurs
,, ouvrages, un receuil de leurs
,, sentences, de leurs apotheg-
,, mes, & même de leurs bons
,, mots; mais ce n'est ici que
,, la moitié de l'ouvrage, &
,, encore la moins instructive.
,, Le principal & l'essentiel,
,, c'est de remonter à la source
,, des principales pensées des
,, hommes, d'examiner leur
,, variété infinie, & en même-
,, temps le rapport impercep-
,, tible, les liaisons qu'elles
,, ont entr'elles : c'est de faire
,, voir comment ces pensées
,, ont pris naissance les unes
,, après les autres, & souvent
,, les unes des autres. Or, c'est
,, à quoi n'a pas songé notre
,, Auteur ,,.

Diogène Laerce, dit l'auteur de l'histoire critique de la Philosophie (*a*), est un guide infidèle & assez sujet à s'égarer. Il a souvent peu d'exactitude & de discernement; mais on le respecte encore, parce qu'il est presque le seul guide que nous ayons pour l'histoire des Philosophes Grecs. Il seroit à souhaiter que nous en eussions un semblable pour l'histoire des Philosophes qui ont succédé aux Grecs, jusqu'à la renaissance de la Philosophie; mais on n'a là-dessus que des mémoires, & quelques vies particulières.

Une infinité d'auteurs ont

____

(*a*) Tome III, page 107, dernière édition,

néanmoins écrit sur les anciens Philosophes, de façon que du nom de ces Auteurs & de la lifte de leurs ouvrages , un Allemand, nommé *Jean Jonfius,* a formé un livre confidérable qui a été depuis augmenté par un autre Allemand, & publié en 1516 sous ce titre : *De fcriptoribus hifloriæ Philofophicæ.*

Si on joint aux écrits des auteurs mentionnés dans ce recueil , les ouvrages de *Stanley, Deflandes, Brucker,* & les mémoires fur les anciens Philofophes , répandus dans ceux de l'Academie Royale des Infcriptions , on aura des fources abondantes pour compofer une hiftoire complette des Philofophes.

C'est l'ouvrage que j'annonce aujourd'hui au public, & dont je publie le premier volume. J'ose dire que cet ouvrage manquoit à la Littérature, & par conséquent à l'instruction des hommes ; mais je ne sais si je dois me flatter de les satisfaire à cet égard.

Les recherches que j'ai faites sur l'histoire des Philosophes sont immenses : elles sont le fruit d'une vie très-laborieuse & très-retirée.

Je puis donc me flatter que le lecteur n'attribuera pas à négligence, si l'histoire de quelques Philosophes, compris dans ce volume, n'est pas aussi remplie que je le désirerois. Les mémoires sur la vie des pre-

miers Philosophes font peu inf-
tructifs ; & puis plusieurs de ces
hommes distingués ont eu le
titre de Sages sans en avoir le
mérite ni les qualités, sans avoir
rien produit d'intéressant. C'é-
toient des hommes fort éclairés
pour le temps, des clairs-voyans
parmi un peuple d'aveugles ; en
un mot des personnages qui
paroissoient grands, parce qu'on
étoit alors fort petit.

A l'égard des portraits de
ces Philosophes & de ceux
qui entreront dans cet ouvrage,
ils ont été dessinés & gravés
d'après les monumens les plus
autentiques. C'est ce que je crois
devoir assurer : j'ajouterai même que j'ai examiné ces monumens avec la plus grande

attention, & que je ne les ai
adoptés qu'après y avoir été au-
torisé par les raisons les plus
fortes & les témoignages les
plus respectables. Enfin je n'ai
rien oublié pour que cet
ouvrage soit véritablement
utile & agréable au public.

Aucun n'est peur être plus
propre à son instruction que
celui-ci. Les maximes des anciens Philosophes, & surtout
leur conduite & leur vie, res-
pirent la vertu la plus pure &
la plus aimable. Ils prêchent
encore plus par l'exemple que
par les préceptes. Ce sont de
véritables Sages qui pratiquent
la belle morale qu'ils ensei-
gnent. La régularité de leur
conduite prouve l'excellence

de leur doctrine, & cette façon d'instruire les hommes est sans doute la plus efficace.

Il y a donc lieu d'espérer que la lecture de leur histoire pourra contribuer au bonheur des humains, en éclairant & l'esprit & le cœur, parce qu'elle fera connoître le prix du savoir & du mérite, & qu'elle rendra enfin odieux cet esprit d'intérêt & de mensonge qui règne tant aujourd'hui parmi les hommes.

Chaque siècle a des vertus & des vices qui lui sont particuliers, dit *Cicéron*, & qui n'appartiennent qu'aux personnes qui vivent dans ce siècle. C'est la tâche que doivent s'imposer ceux qui travaillent pour les inſtruire , de décrier ces vices , de leur déclarer une guerre cruelle , & de ne pas épargner même ceux qui les mettent en crédit.

Dans tous les temps & dans toutes les villes bien policées, on a eſtimé ces eſprits privilé-giés qui ont eu aſſez de lumiè-res pour connoître la vérité, & de courage pour la dire. On leur a même accordé des hon-neurs & des récompenſes. Car, quelqu'eſtimable que ſoit la vertu par elle-même , ſon nom ſeul & ſes charmes ne ſuffiſent pas pour engager les hommes à la ſuivre. Auſſi chez les Grecs & dans les beaux jours de la république Romaine, on honoroit d'acclamations les

auteurs qui récitoient en public
leurs ouvrages. Les lectures
ou déclamations se faisoient
avec grand appareil dans des
lieux publics, comme dans le
Capitole, dans les Temples &
dans l'Athénée, qui étoit une
espèce d'Académie, ou dans
les hôtels des grands seigneurs :
elles convenoient aux sujets &
aux personnes : il y en avoit de
particulières pour les Philosophes, pour les historiens, &
pour les poëtes.

Afin d'exciter encore une
plus vive émulation, & hono-
rer davantage les gens de mérite, on leur prodiguoit les
noms des Dieux (a). Le but de

____

(a) *Voyez les Mémoires de l'Académie
Royale des Inscript.* Tom. XIII. page 118.

ces hommages étoit d'élever l'ame des hommes, de leur faire naître de grandes idées, de leur dévoiler leurs devoirs, & de leur inspirer sur-tout l'amour de la justice. Rien ne ressemble plus à Dieu, selon *Socrate*, qu'un homme juste; c'est de-là que dépend sa dignité ou son avilissement : c'est ce qui fait qu'un homme est homme. Disons donc avec ce grand Philosophe, que connoître ce principe est la vraie sagesse, & que l'ignorer c'est folie & méchanceté manifeste.

HISTOIRE

LYCURGUE

HISTOIRE

DES

ANCIENS PHILOSOPHES.

*MÉTAPHYSICIENS, MORALISTES
ET LÉGISLATEURS.*

LYCURGUE*.

LE premier âge de la Philosophie
commence au déluge. Les descendans de *Noé*, qui voulurent s'instruire,

---

* *Les vies des hommes Illustres de Plutarque traduites en françois, avec des remarques historiques &
critiques, par M. Dacier, tom. I. Dictionnaire de
Bayle, art. Lycurgue. Histoire & Mémoires de l'Académie Royale des Inscriptions & Belles-Lettres, tomes
I, V, VII, & XII, &c.*

Tome I.   A

abandonnés à eux-mêmes, & n'ayant
point de guide pour diriger leurs travaux, fuivoient leurs propres penfées
fans les lier les unes aux autres pour
faire une chaîne de connoiffances.
Après avoir été long-tems difperfés
& errants fur la furface de la terre,
ils fe réunirent enfin en corps de nation & fous la forme de gouvernement. Il falloit pour fe maintenir dans
cette réunion, établir des loix ; & les
hommes les plus intelligens s'érigèrent
en légiflateurs. Les uns formèrent de
grands fyftêmes, où ils faifoient entrer
l'étude de la nature & le culte de la
Divinité, & les repréfentoient fous
différentes fables. Les autres s'attachèrent à découvrir les principes des
fciences & des arts.

Ce fut là fur-tout l'occupation des
Egyptiens, qui devinrent par ce
moyen les hommes les plus eftimables
de l'Univers. *Moyfe* puifa chez eux
les belles connoiffances dont il fit un
fi digne ufage dans la conduite du peuple de Dieu, & ils eurent ainfi la gloire d'avoir élevé le premier légiflateur.

Tout le monde connoît les loix de

ce grand personnage, qu'il reçut de Dieu même sur le mont Sinaï. Elles font les fondements de toutes celles qu'on a faites depuis pour le bonheur des humains. *Minos I.* roi de Crète, (1505 ans avant J. C.) & second législateur, s'en servit pendant son règne en les accommodant aux besoins actuels de ses sujets.

Ces loix prescrivoient la sincérité & la bonne foi, tant envers les citoyens qu'à l'égard des étrangers, la frugalité & le travail, la crainte de Dieu & l'amour de la Religion. Quelle peut être, disoit *Minos*, l'union des familles & des états, si la vérité n'assure pas la bonne intelligence? Et sans cette union, quelle peut être la joie & la félicité? Avec le mensonge s'introduisent le luxe, l'avarice & le vol. L'oisiveté & la molesse énervent l'ame & le corps. La religion se saisit de l'esprit & du cœur. Sans cela point de vertu ; & là où la vertu ne réside plus, la crainte des Dieux n'est plus qu'une chimère ou une superstition.

Minos se vantoit d'avoir reçu ces loix de Jupiter, qu'il lui dictoit dans un antre de l'isle de Crète. C'étoit

pour les faire respecter davantage
que ce roi avoit imaginé cette révélation.

Les Crètois trouvoient ces loix fort
belles , & les observoient très-exacte-
ment. Cependant après les avoir pro-
fondement étudiées , le premier Philosophe du monde les jugea insuffisan-
tes pour rendre tous les hommes jus-
tes & vertueux. Et considérant que
l'homme est formé d'un corps & d'une
ame , il voulut que les loix eussent
pour objet la perfection de l'un de
l'autre : il fit ainsi une nouvelle législation très-étendue & très – hardie.

Ce Philosophe se nommoit LYCUR-
GUE. Il naquit 900 ans avant Jesus-
Christ, peu de tems après *Salomon*; il
étoit de la cinquiéme génération après
Althémènes, qui mena une colonie en
Crète, & qui étoit fils de *Cissus*. Ce
Cissus fonda Argos dans le même tems
que *Patrocles* ou *Procles* , cinquiéme
ayeul de LYCURGUE , fonda Sparte
qui est la même chose que Lacédémone.

Le frère de LYCURGUE étoit roi
de Lacédémone. Il s'appelloit *Eunos*

mes ; il avoit été marié deux fois. De
sa première femme il avoit eu *Poli-
decte*, & LYCURGUE étoit né de la seconde. Il laissa en mourant sa couronne
à son fils aîné, qui étant mort peu
de tems après le roi son père, laissa
sa femme enceinte. Notre Philosophe
fut déclaré dans l'instant administra-
teur du royaume & *Frodicos*, c'est-
à-dire, tuteur du roi qui étoit à
naître.

La reine aimoit LYCURGUE. Elle
lui fit dire en secret que s'il vouloit
l'épouser, elle feroit mourir son enfant dans son sein, afin qu'il fût roi
en se mariant avec elle. Notre Philosophe eut horreur de cette proposition ; mais en homme sage & prudent il ne le fit pas connoître : au
contraire, il fit semblant de l'accepter ; mais il recommanda à la reine
de ne prendre aucun breuvage pour
faire périr son fruit, crainte qu'elle
n'en mourût elle-même, ou que sa
santé n'en fût altérée. Il lui fit entendre en même-temps qu'il auroit soin
de se défaire de l'enfant dès qu'elle en
seroit délivrée.

Il amusa ainsi la reine jusqu'à son

terme, & lorfqu'il fut qu'elle étoit
dans le travail de l'accouchement, il
la fit garder à vue par des gens bien
affidés, à qui il donna ordre de lui
porter l'enfant qui viendroit au monde. Elle accoucha d'un fils, qu'on
porta fur le champ à LYCURGUE,
felon l'ordre qu'il en avoit donné. Il
étoit alors à table avec les principaux
magiftrats de la ville. On lui remit l'enfant entre fes bras, qu'il préfenta aux
magiftrats, en leur difant : *Voici le roi
qui nous vient de naître, Seigneurs Spartiates.* En même-temps il le mit à la
place du roi, & le nomma *Charilaus*,
à caufe de la joie que les affiftans té-
moignoient de fa naiffance.

Cependant la reine piquée d'avoir
été trompée, chercha les moyens de
fe venger. Elle fit courir le bruit que
LYCURGUE fe flattoit d'être bientôt
roi, afin de difpofer, par avance, les
efprits à croire que fi le jeune roi venoit à mourir, on s'en prît à lui.
Leonidas, frère de la reine, eut même
l'audace de lui dire qu'il fçavoit de
bonne part qu'il feroit bientôt roi,
afin de le rendre fufpeƈt au peuple
par cette calomnie.

La chose devenoit sérieuse, & il y avoit lieu de craindre une fermentation désavantageuse à notre Philosophe. Il le comprit, & résolut d'en prévenir les suites, en s'éloignant de son pays jusqu'à ce que le roi eût un fils qui pût un jour lui succéder.

Il sortit donc de Lacédémone, & alla d'abord en Crète. Il vit les plus habiles gens de cette isle ; il conféra sur-tout avec eux sur leur gouvernement. Leurs loix lui parurent si belles, qu'il résolut d'en faire usage lorsqu'il seroit de retour dans son pays. Car quelque sujet qu'il eût de se plaindre des Lacédémoniens, il aimoit toujours sa patrie ; tellement qu'ayant fait connoissance avec un Poëte Philosophe, nommé *Thalétas*, qui avoit le talent de porter, par ses ouvrages, les hommes à l'obéissance & à la concorde, il l'engagea à aller s'établir à Lacédémone. En effet, *Thalétas* avoit le talent de composer des chansons si douces & si harmonieuses, qu'elles adoucissoient les mœurs de ceux qui les entendoient, & leur inspiroient l'amour des choses honnêtes. Le Poëte se laissa persuader. Il alla à Lacédémone, &

prépara en quelque forte les voies à
LYCURGUE pour le projet qu'il méditoit, de réformer les mœurs de fes
compatriotes.

Ce même projet l'engagea à quitter Crète pour aller en Afie voir le
luxe & les délices des Ioniens, dont
on parloit beaucoup dans le monde.
Il y lut les poéfies d'*Homère*, & les
apprécia comme les plus habiles con-
noifleurs l'ont fait depuis.

Cependant tandis que notre Philofophe s'inftruifoit ainfi chez les étrangers, les Lacédémoniens demandoient
fon retour. Ils lui députèrent plufieurs
fois pour le prier de revenir chez
eux : ils fentoient l'avantage qu'il y
avoit à avoir à la tête d'un état,
un homme fage & intelligent. Quoiqu'ils euffent donné au jeune roi un
adjoint, nommé *Archelaus*, qui par-
tageoit la royauté, ils voyoient bien
que ces hommes n'étoient point capables de commander & de gouverner.
Les deux rois qui connoifloient leur
impuiffance, défiroient même fon retour. Ils efpéroient que fa préfence
feroit rentrer leurs fujets dans leurs
devoirs, & les rendroient plus foumis.

Instruits de tout cela, LYCURGUE résolut de retourner dans sa patrie & d'y changer la forme du gouvernement. Comme il imitoit *Minos* dans les loix qu'il avoit faites, il voulut aussi l'imiter dans la conduite qu'il avoit tenue pour les faire respecter. Il s'agissoit donc de se munir de l'autorité d'un oracle ; car, suivant la remarque judicieuse de M. *Dacier*, un oracle abrège bien les difficultés dans ces sortes d'entreprises. Il alla donc à Delphes pour consulter *Appollon*, & après avoit offert son sacrifice, il reçut la décision de la bouche de la prêtresse, qui l'appella l'ami des Dieux, Dieu plutôt qu'homme, & lui déclara qu'*Appollon* avoit exaucé ses prières, & qu'il lui donneroit la plus excellente république qui eût jamais été. *

---

* Tout le monde a entendu parler des oracles ; mais il n'y a gueres que les érudits qui sachent ce qui leur a donné lieu. C'est un point d'histoire très-curieux, & qui convient assez à celle du premier Philosophe. Voici donc l'origine des oracles, telle que nous l'a apprise M. *Hardion*, membre distingué de l'Académie Royale des Inscriptions & Belles-Lettres. Des chèvres qui paissoient dans la vallée du mont Corase, (c'étoit une montagne située au milieu de la Grèce) donnèrent occasion à la découverte

En Arrivant à Lacédémone, Ly-
CURGUE communiqua aux perſonnes
les plus conſidérables de la ville le
projet qu'il avoit fait de donner de

---

de l'oracle. « Il y avoit dans le lieu qu'on a appellé
» depuis le ſanctuaire, une eſpéce de crevaſſe, dont
» l'ouverture étoit fort étroite. Des chèvres en rodant
» pour chercher de la pâture, s'en approchèrent par
» haſard, & avancèrent la tête pour regarder dedans.
» Auſſi-tôt, comme ſi elles euſſent été tranſportées
» de cette fureur, qu'on appelle enthouſiaſme, elles
» firent des ſauts & des bonds merveilleux, & pouſ-
» sèrent des cris extraordinaires. Le pâtre, qui les
» regardoit, frappé de ce prodige, s'approche lui-
» même & baiſſe la tête à l'entrée du trou pour en
» voir le fond : il eſt ſaiſi ſur le champ des mêmes
» mouvemens que les chèvres, & de plus il prophé-
» tiſe l'avenir. Le bruit de cette merveille fut bien-
» tôt répandu par-tout le voiſinage. Les habitans du
» lieu accoururent pour en être les témoins, & vou-
» lurent éprouver par eux-mêmes cet enthouſiaſme,
» dont les effets étoient ſi ſurprenans. Ils s'approchè-
» rent tous de la crevaſſe, & furent tous enthouſiaſ-
» més. Surpris, comme on le peut croire, d'un pro-
» dige ſi étrange, ils y reconnoiſſoient quelque choſe
» de divin. Quel Dieu, diſoient ils, eſt venu ſe ca-
» cher dans le fond de cet abîme ? Quelle Divinité,
» deſcendue du Ciel, daigne habiter ces ſombres de-
» meures ? Après bien des réflexions, ils conclurent
» que c'eſt la terre qui envoie ces vapeurs prophéti-
» ques, & qui rend là ces oracles ». *Mémoires de*
l'Accadémie des Inſcriptions, tom. III, pag. 141.

Tout ceci eſt un effet phyſique d'une cauſe phyſique ; mais le peuple qui aime le merveilleux, & les
fripons qui ſavent en tirer parti, imaginèrent de s'en
ſervir pour rendre les oracles, afin de rétablir un culte
qui leur produiſît biens & honneurs.

nouvelles loix à son pays; il ne man-
qua pas de leur dire qu'*Appollon*
les avoit approuvées. Il leur recommanda en même-temps le secret, comme l'ame de cette grande entreprise, & les exhorta à disposer leurs
amis, & les amis de leurs amis à le
seconder.

Ayant disposé les esprits à faire ce
qu'il prescriroit, il ordonna à trente
de ces personnes de se trouver en armes sur la place le lendemain, dès la
pointe du jour, pour imposer à ceux
qui voudroient s'opposer à l'exécution
de son entreprise. Ce spectacle causa
d'abord l'allarme dans toute la ville,
& le roi *Charilaus*, neveu de notre
Philosophe, craignant que ce fût une
conjuration contre sa personne, se re-
fugia dans le temple de *Junon*; mais
ayant sû son dessein, il se remit de sa
frayeur, & vint se joindre à son on-
cle.

LYCURGUE commença par établir
un sénat composé de vingt-huit personnes, & lui donna le pouvoir de
tempérer l'autorité des rois, quand ils
voudroient opprimer le peuple, & de
se ranger du côté des rois, lorsque

le peuple deviendroit trop puiffant.
Il regardoit avec raifon cet équilibre
comme le *criterium* de la félicité publique. Pour rendre ce fénat refpectable, il publia un décret qu'il tenoit,
difoit-il de l'oracle, & qui lui avoit
été adreffé par ce même oracle; il
étoit conçu en ces termes : *Quand tu*
auras bâti un temple à Jupiter Sellafien
& à Minerve Sellafienne (c'eft-à-dire
de Sellafia, ville de Laconie fur la riviè-
re d'Eurobas) & que tu auras rangé le
peuple par tribus, & érigé un fénat de
trente Sénateurs, y compris les deux
chefs; tu tiendras de temps en temps le
confeil entre le Babyle & le Cnanion,
(c'eft-à-dire entre le pont & la rivière
appellée Cnanion) *tu conferveras le*
pouvoir de conferver à ton gré, ou de
congédier l'affemblée, & tu laifferas au
peuple le foin de ratifier ou d'annuller
ce qu'on y aura propofé.

On voit bien par ces décrets que
l'oracle étoit des amis de LYCURGUE,
qui l'étoit véritablement des Lacédémoniens. Le peuple le crut cependant
neutre entre notre Philofophe & lui, &
refpectant fon ordre, il fe foumit à tout
ce que le nouveau légiflateur voulut.

Notre Philosophe composa le sénat
des personnes qui avoient eu part à son
entreprise, & voulut que pour remplir la place de ceux qui mourroient,
on choisit les plus gens de bien, au-
dessus de soixante ans. Ce réglement
étant fait, il donna ses loix au sénat,
pour les mettre à exécution. Il s'agissoit de produire une grande réforme
parmi les Lacédémoniens : c'étoit de
les rendre sages en leur inspirant le
mépris des richesses, & la haine du
luxe & de la volupté, & de changer
leur constitution en leur prescrivant
des moyens pour n'avoir dans la suite
que des hommes forts & vigoureux.
Rien n'est plus grand & plus hardi que
ce projet, & il falloit un génie du
premier ordre, pour en avoir seulement l'idée : LYCURGUE fit plus, il
l'effectua.

Il régnoit alors une si grande inégalité dans la fortune des Lacédémoniens, que le petit nombre d'entre
eux jouissoit de richesses immenses, tandis que les autres étoient extrêmement
pauvres. Cette inégalité produisoit
l'insolence chez les uns, & la fraude

& le luxe chez les pauvres ; deux maux que LYCURGUE regardoit comme la peste des états.

Pour les faire cesser, il ordonna qu'on remît les terres en commun, & qu'on les distribuât à chacun également, afin que tous les citoyens vécussent ensemble dans une parfaite égalité. Les prééminences & les honneurs, il les donna à la vertu, & ne mit d'autre différence entre les citoyens que celle qui vient du blâme dû aux mauvaises actions, & de la louange que méritent les actes honnêtes & vertueux.

Après avoir partagé ainsi les immeubles, il attaqua les biens mobiliers, qu'il voulut diviser aussi également, afin de détruire toute sorte d'inégalité. Cette entreprise étoit plus dangereuse que l'autre, & il y avoit tout lieu de craindre un soulèvement, s'il s'y étoit pris ouvertement. Aussi notre législateur eut recours à un autre expédient : ce fut de décrier les monnoies d'or & d'argent, & d'ordonner qu'on ne se serviroit que de monnoies de fer qu'il fit d'un si grand poids , & d'un si petit prix, que chaque pièce pesoit une livre, & ne valoit que six deniers.

Cette nouvelle monnoie ne fut pas plutôt repandue , qu'elle fit disparoître de Lacédémone toutes les injustices & tous les crimes. Car qui est-ce qui auroit voulu voler , comme l'observe fort bien *Plutarque* , ravir ou recevoir , pour prix de son injustice, une chose qu'on ne pouvoit cacher, dont la possession n'étoit point enviée, & qui, étant mise en pièces, étoit inutile à tout ? Je dis inutile à tout; car les ouvriers avoient ordre de tremper le fer dans le vinaigre avant que de le monnoyer; ce qui le rendoit si aigre & si cassant, qu'on ne pouvoit plus le battre ni le forger.

LYCURGUE chassa ensuite tous les arts inutiles ou superflus, tels que l'orfévrerie & la jouaillerie, afin de détruire absolument l'aliment du luxe, & d'engager les ouvriers habiles à employer leur industrie pour perfectionner les arts nécessaires. Les riches n'eurent par ce moyen aucun avantage sur les pauvres, leurs richesses ne pouvant paroître.

Enfin pour achever d'anéantir le luxe & l'amour des richesses, ce grand législateur établit des repas publics, où les citoyens de tous les états mangeoient ensemble & à la même table. Le riche se trouva ainsi au niveau du pauvre, & le grand confondu avec le petit. Il défendit en même-temps à toutes personnes de quelque qualité qu'elles fussent, de manger chez elles sur des lits somptueux, & sur des tables magnifiques, en se faisant traiter par d'habiles cuisiniers.

Les tables publiques étoient de quinze couverts : elles étoient dressées dans une grande salle : on élisoit les convives, & ceux qu'on avoit élus étoient obligés d'apporter par mois un boisseau de farine, huit mesures de vin, cinq livres de fromage, deux livres & demie de figues, & quelque monnoie pour acheter de la viande. Là se trouvoient les rois & les principaux de la nation, & leurs enfans même, qu'on y menoit comme à une école de sagesse & de tempérance. A mesure que chacun entroit dans la salle, le plus vieux des convives lui disoit, en lui montrant la porte : *rien de tout ce qui a été dit ici ne fort par-là.*

Tous ces établiſſemens ne plurent point aux riches. Ils s'aſſemblèrent en grand nombre, crièrent & murmurèrent contre LYCURGUE, & excitèrent un tel ſoulévement, qu'on l'aſſaillit de tous les côtés à coups de pierres. Il échapa par une prompte fuite à la pourſuite de tous les mutins, & il étoit prêt à entrer dans un temple, lorſqu'un jeune homme, nommé *Alcandre*, l'ayant atteint à la porte du temple, lui donna un coup de bâton ſur le viſage & lui creva un œil, du moins le bleſſa à l'œil très-dangéreuſement. Quoique la douleur fût très-vive, notre Philoſophe tourna la tête du côté du peuple, & lui fit voir ſon viſage tout ſanglant. Les aſſiſtans furent ſi touchés de cet outrage, qu'ils lui livrèrent le jeune homme & l'accompagnèrent chez lui, en lui témoignant la peine qu'ils en reſſentoient. Il les congédia après les avoir remerciés, & ayant fait entrer *Alcandre*, il ſe renferma avec lui, & lui ordonna de le ſervir, ſans le maltraiter de paroles. Ce jeune homme obéit ; il fut témoin de la douceur, de la modération, de la grande ame de LYCURGUE, de l'auſtérité de ſa vie, de la conſtance de ſes travaux, & ce fut la punition qu'il reçut de l'inſulte qu'il lui avoit fait. *Alcandre* étoit un homme violent & emporté ; mais cette leçon le rendit très-modéré & très-ſage. Il ne pouvoit aſſez reconnoître les grandes qualités de ſon maître, qu'il ne ceſſoit d'exalter avec les plus vifs tranſports d'admiration.

En mémoire de cet accident, notre Légiſlateur conſacra un temple à Minerve, qu'il appella *Optilédide*, parce qu'on appelloit les yeux *Optiles*. Et les Lacédémoniens réſolurent alors de ne plus porter de bâtons à leurs aſſemblées.

Il rendit enſuite une ordonnance contre le luxe des appartemens, par laquelle il preſcrivit que les planchers des maiſons ſeroient faits avez la coignée, & les portes avec la ſcie, ſans le ſecours d'aucun inſtrument. Un autre ordonnance ſuivit de près celle-ci : c'étoit pour qu'on fît rarement la guerre contre les mêmes ennemis, de peur de les aguerrir, en les obligeant trop souvent à se défendre.

Tout ceci n'étoit encore que la moitié du grand projet de LYCURGUE. J'ai déja dit que dans sa légiſlation il vouloit réformer l'ame & le corps. Il crut par ſes ordonnances avoir aſſez fait pour l'ame, puiſqu'il avoit banni le luxe, l'amour des richeſſes, l'inégalité des conditions; & ſes concitoyens commençoient à connoître les avantatages de la frugalité & de la tempérance. Il reſtoit donc à faire des réglemens pour rendre les hommes plus robuſtes & plus vigoureux, & il donna à ſes ſujets des loix plus extraordinaires & plus hardies encore que celles qu'il avoit publiées contre le vice.

Il attaqua d'abord l'éducation phyſique des enfans; & pour prendre la choſe à ſa ſource, il travailla à faire des réglemens ſur les mariages & les naiſſances. Dabord il jugea qu'il falloit commencer par fortifier le tempérament des filles, en les exerçant à la courſe, à la lutte, à jetter le palet, à lancer le javelot, afin que le fruit qu'elles concevroient, trouvant un

corps robuste & vigoureux, y prît de
plus fortes racines, & qu'elles-mêmes
fortifiées par ces exercices, eussent
plus de facilité, plus de force & de
courage, pour résister aux douleurs
de l'enfantement.

Tout cela paroissoit fort bien établi ; mais il crut bannir encore d'elles
la mollesse & la délicatesse, en les
obligeant à lutter toutes nues, de même que les jeunes garçons, qui lut-
toient avec elles, & à danser en cet
état devant eux dans les fêtes solem-
nelles, en chantant des chansons qui
contenoient des traits de raillerie contre ceux qui n'avoient pas bien fait
leur devoir, & des éloges pour ceux
qui s'en étoient bien acquittés.

Cet aiguillon pour exciter les jeunes gens à la vertu étoit bien capable
de produire un bon effet ; mais on ne
voit point à quoi pouvoit servir la nudité
des filles. *Plutarque* a beau dire que
cette nudité n'avoit rien de honteux,
& qu'elle les accoutumoit seulement
à des mœurs simples, leur donnoit
une merveilleuse émulation à qui auroit le corps plus robuste & plus dis-
pos, & leur élevoit en même-temps

le courage, en leur faisant connoître qu'elles devoient participer à la gloire des hommes. On ne conçoit point quel rapport peut avoir la nudité avec ces beaux sentimens.

LYCURGUE prétendoit que c'étoit une amorce pour le mariage ; & c'est encore une façon de penser qui n'est pas naturelle : car des beautés demi-nues sont plus piquantes que lorsqu'elles sont entièrement découvertes ; & dans cet état, elles excitent davantage à l'amour, que quand elles se montrent sans aucun voile. Il ne faut point rassasier les yeux, mais laisser travailler l'imagination, qui sur un simple échantillon, se fait une image infiniment au-dessus de la plus belle nature.

Leur habillement étoit aussi fort immodeste ; car leurs jupons n'étoient point cousus par en bas, de sorte qu'en marchant elles montroient leurs cuisses à nud.

Aussi, tout ce que ce réglement produisit, ce fut de donner une fort mauvaise réputation aux filles. On les appelloit l'*Hainomerides*, c'est - à - dire, *Montreuses de cuisses* ; & on disoit qu'el-

les étoient enragées de jouir du mâle.
Il étoit même impossible qu'avec une
si belle éducation, les femmes de Lacédémone fussent honnêtes. C'est ce
que *Bayle* remarque fort bien. « Des
» filles ainsi habillées, dit-il, qui se
» promenoient avec des garçons,
» avoient bientôt les oreilles accoutu-
» mées à toutes sortes de vilains mots.
» La conversation ne pouvoit être
» qu'une école d'impudence : je vous
» laisse à penser si les garçons, qui à
» peine de passer pour des benets, s'i-
» maginent qu'il faut entreprendre
» beaucoup plus que ne permet la cou-
» tume, laissoient en repos leurs mains
» & leurs langues auprès de semblables
» filles : joint qu'elles n'avoient la per-
» mission de montrer ainsi leurs par-
» ties, qu'afin de trouver un homme ;
» car dès qu'elles étoient mariées, elles
» disoient adieu aux nudités ».

Notre Philosophe étoit trop éclairé
pour ne pas sentir les suites de ce
désordre ; mais un avantage qu'il voyoit
dans cette éducation des filles lui paroissoit devoir l'emporter sur cet incon-
vénient. Comme le nombre des belles
femmes est fort petit, & qu'il est assez

ordinaire que celles qui ne font pas
jolies, font belles fous le linge, il ef-
péra que les filles qui ne pourroient
donner de l'amour par les charmes du
vifage, étaleroient d'autres attraits qui
leur gagneroient le cœur de quelque
jeune homme.

C'étoit donc fe précautionner contre la laideur, & faire en forte que
perfonne n'échappât aux traits de l'a-
mour, & ne pût fe plaindre d'être
lèzé dans fon marché, pour n'avoir
pas eu la montre de fa marchandife,
fuivant l'expreffion de *Bayle.* On lit même dans *Athénée* que deux payfanes firent fortune de cette manière, & qu'en
mémoire de leur élévation, elles firent bâtir un temple qu'elles confa-
crèrent à *Venus aux belles feffes* (a).

(a) *Athénée*, lib. 12. C'eft d'après cette hiftoire
que le grand *Rouffeau* a fait une Epigrame :

Du temps des Grecs deux fœurs difoient avoir
Le plus beau cul que fille de leur forte ;

. . . .

. . . .

Tant fut fur ce point procédé,
Que par les fœurs un temple fut fondé
Au nom de Venus Belle-feffe, &c.

Lorsqu'une fille avoit trouvé un
amant qui vouloit l'époufer, celui-ci
l'enlevoit, & n'habitoit avec elle qu'en
fecret & à la dérobée. La pudeur re-
venoit alors. Cette fille qui avoit paru
jufques-là toute nue en public, & qui
n'avoit été couverte, fuivant l'expreffion des Lacédémoniens, que par l'honnêteté publique, fe déroboit aux regards de fon mari, lorfqu'elle n'étoit
pas habillée. Il lui étoit même défendu
de coucher avec lui, afin qu'elle ne
s'en dégoutât point par un commerce
trop fréquent, ou que lui ne fe dégoutât d'elle. Le but de cette loi étoit
de les accoutumer à la tempérance &
à la fageffe, & de conferver leur feu
pendant long-temps, afin que leur
union fût plus durable, & que les enfans qui en naîtroient fe reffentiffent
de la chaleur de cette union.

Une chofe l'inquiétoit dans le mariage ; c'étoit la jaloufie, qui eft toujours un trouble ménage. Pour l'en
bannir, il imagina un remède qui étoit
pire que le mal, & qui détruifoit toute la félicité qu'il avoit eu foin d'établir entre l'homme & la femme ; je
veux dire les douceurs d'un amour &
d'une

d'une fidélité réciproques, ce fut de permettre l'adultère. Une femme pouvoit sans scrupule & sans crainte de blâme, aller coucher avec son voisin : pareillement si un homme bien fait trouvoit une femme fort belle, & avoit envie d'en jouir, il alloit en demander la permission au mari, qui ne pouvoit la refuser, & les enfans qui provenoient de ce beau commerce, le mari pouvoit les recevoir & les avouer, comme s'ils étoient à lui ; de sorte qu'une femme qui devoit être, suivant les loix, si reservée avec son époux, laissoit là sa pudeur & sa vergogne, lorsqu'un étranger lui plaisoit, ou qu'elle plaisoit à cet étranger.

Il est vrai que LYCURGUE prétendoit que les enfans n'appartenoient pas en particulier aux pères, mais à l'état, & pourvu qu'ils fussent beaux & vigoureux, il ne s'embarrassoit point de leur origine. Ainsi les pères n'étoient pas les maîtres d'élever leurs enfans à leur fantaisie. Lorsqu'un enfant étoit né, le père étoit obligé de le porter lui-même dans un lieu appellé *Lesché*, où les plus anciens de chaque tribu, qui y étoient assemblés, le visitoient. S'ils le

trouvoient bien formé & fort, ils ordonnoient qu'il fût nourri, & lui affi-
gnoient un bien ; & fi au contraire ils le
trouvoient mal fait, délicat & foible,
ils le faifoient jetter dans une fon-
drière ; car ils n'eftimoient point qu'il
fût avantageux pour lui, ni pour l'état,
qu'il vécût, puifque dès fa naiflance
il étoit compofé de manière à ne jouir
jamais de force ni de fanté.

On éprouvoit leur conftitution en
les lavant dans du vin. Ceux qui étoient
épileptiques & maladifs, ne pouvant
réfifter à la force du vin qui les péné-
troit, mouroient de langueur ; & ceux
qui étoient fains en acquéroient une
complexion plus forte.

Les nourrices chargées d'alaiter
& d'élever les enfans, avoient ordre de ne point les ferrer dans des
langes, & de leur laiffer tout le corps
libre, afin de leur donner un air noble & dégagé ; de les accoutumer à
une nourriture commune & fans apprêts ; à n'avoir point de peur dans
les ténébres ; à ne pas s'épouvanter
quand on les laiffoit feuls, & à ne connoître ni la mauvaife humeur ni les
criailleries, ni les pleurs, qui font au-

tant de marques de lâcheté & de baſ-
ſeſſe.

Quand les enfans avoient atteint
l'âge de ſept ans, LYCURGUE voulut
qu'ils ne fuſſent plus à la diſpoſition
de leurs parens; qu'on les prît, qu'on
les diſtribuât par claſſes, & qu'on les
élevât enſemble ſous les mêmes loix,
& dans la même diſcipline. Pour
chaque claſſe il étoit réglé qu'on choi-
ſiroit, parmi les jeunes gens les mieux
faits, celui qui étoit le plus eſtimé,
& qu'on l'établiroit chef de la claſſe.

Toute leur éducation conſiſtoit à
être ſoumis & obéiſſans. On ne con-
noiſſoit point les avantages des ſciences, des lettres, de la culture de l'eſprit. On n'apprenoit aux enfans qu'à
ſupporter patiemment les peines & les
travaux, & à vaincre. A meſure qu'ils
avançoient en âge, on augmentoit la
ſévérité de leur diſcipline & de leur
règle. On leur coupoit les cheveux;
on les accoutumoit à aller ſans bas &
ſans ſouliers, & on les faiſoit ſouvent
jouer enſemble tout nuds.

Leur nourriture étoit frugale, parce
que LYCURGUE croyoit qu'en les
nourriſſant ainſi, ils deviendroient plus

grands & plus leftes. Mais un point effentiel de leur éducation , & un point bien extraordinaire , c'étoit qu'ils appriffent à voler avec adreffe ; & lorfqu'ils ne le faifoient pas on leur donnoit le fouet , & on les condamnoit au jeûne.

Quand ils étoient devenus hommes , on ne leur laiffoit pas la liberté de vivre comme ils vouloient : on les tenoit dans la ville comme dans un camp , & toujours prêts à fervir la patrie au befoin. S'ils n'avoient point reçu d'ordre, & s'ils n'avoient rien à faire , ils alloient voir les enfans & leur enfeigner quelque chofe d'utile, ou l'apprendre eux-mêmes de ceux qui étoient plus âgés qu'eux.

Comme il n'y avoit ni pauvreté ni richeffe , l'égalité écartant la difette , & l'abondance étant toujours entretenue par la frugalité , il n'y avoit point de procès à Lacédémone. Une paix éternelle régnoit parmi fes habitans. Les hommes n'en étoient pas plus juftes ; car l'éducation de notre Légiflateur formoit bien des hommes robuftes & vaillans , mais elle les rendoit ftupides & fripons ; & on ne conçoit pas comment on peut concilier cela avec les vues fages de ce grand homme. Rien n'eſt fans doute plus fier & plus hardi que ſa légiſlation ; mais il n'y a jamais eu de code ſi plein de contradictions. LYCURGUE par ces loix détruit d'un côté ce qu'il preſcrit de l'autre.

Il changea cependant les mœurs des Lacédémoniens. Il apprit aux en-fans à parler de manière que leur diſ-cours fût toujours aſſaiſonné d'une pointe mêlée de grace & qui comprît en peu de paroles beaucoup de ſens. Il vouloit que les paroles fuſſent ſim-ples & légères, & pourtant d'un grand prix. Il accoutumoit les enfans par un long ſilence à avoir la répartie vive & aiguë. Il leur inſpira auſſi beaucoup de reſpect pour les vieillards , tellement qu'un jeune Lacédémonien voyant des hommes qui ſe faiſoient porter à la campagne dans des litières , s'écria : *A Dieu ne plaiſe que je ſois jamais aſ-ſis en un lieu d'où je ne puiſſe me lever devant un vieillard.*

Les gens mariés avoient encore droit à ce reſpect de la part des jeunes gens. Car une note d'infamie étoit

établie contre ceux qui ne vouloient
point se marier. Les célibataires étoient
condamnés à faire le tour de la place
tout nuds au plus fort de l'hiver &
à chanter une chanson faite contre eux,
où ils disoient en propres termes
qu'ils souffroient justement cette peine
pour avoir désobéi aux loix. Il y avoit
même une certaine fête où les femmes
leur faisoient faire le tour d'un autel
en les battant avec des verges. Il leur
étoit encore défendu de se trouver aux
exercices publics où les filles combat-
toient , parce qu'il n'étoit pas juste
qu'ils vissent des nudités dont ils ne
vouloient pas faire usage. *Plutarque*
rapporte qu'un grand capitaine nommé *Dercyllidas* , étant entré un jour
dans une assemblée , il y eut un jeune
homme qui ne daigna pas se lever devant lui pour lui faire place, & qui lui
dit : *Tu n'as point d'enfans qui puisse un
jour me rendre le pareille & se lever devant moi.*

Quand ses premiers établissemens
furent reçus & confirmés par l'usage ,
& que la nouvelle forme du gouver-
vernement fut assez forte pour se
conserver, LYCURGUE, à l'exemple de

Dieu, qui après avoir créé le monde, se réjouit de son ouvrage, se félicita de son travail. Il sentit un redoublement de plaisir lorsqu'il vit ses loix marcher toutes seules & faire parfaitement leurs fonctions. Il ne songea plus qu'à les rendre immortelles & immuables.

Dans cette vue il fit assembler tout le peuple, lui représenta que la police qu'il avoit établie lui paroissoit suffisante dans tous ses chefs pour rendre la ville heureuse & les citoyens vertueux, & lui déclara qu'il y avoit encore une chose à faire, mais qu'il ne pouvoit lui communiquer avant que d'avoir consulté l'oracle d'*Appollon*, & qu'il avoit résolu d'aller pour cela à Delphes, afin de ne rien faire que par l'ordre de ce Dieu. Il lui recommanda en même-tems de ne rien changer à ses loix jusqu'à son retour.

Tous les assistans promirent d'une commune voix de lui obéir, & le prièrent de hâter son voyage. Avant que de partir, il fit jurer les deux rois, les sénateurs & ensuite tous les citoyens, que jusqu'à ce qu'il fût de retour ils

maintiendroient la forme du gouver-
ment qu'il avoit établie.

LYCURGUE parut à cette assemblée
comme un Dieu. Il reçut le serment
de tous les Lacédémoniens comme le
roi des rois. Il est beau sans doute de
voir un mortel sans force, sans troupes, subjuguer un peuple par la persuasion, par la grandeur de ses sentimens
& par une vénération qu'il ne devoit
qu'à la magnanimité de son ame. Ce
grand Légistateur pouvoit dire, si je n'ai
point créé les Lacédémoniens, je les ai
fait ; car un Lacédémonien réformé
par les loix de LYCURGUE, ne ressemble pas plus à un ancien Lacédémonien , qu'un sage ressemble à un in-
sensé.

LYCURGUE partit donc pour Delphes. En arrivant il fit un sacrifice à
Appollon , & après le sacrifice il lui demanda si ses loix étoient bonnes & suffisantes pour rendre les Lacédémoniens
heureux. *Appollon* lui répondit, qu'il ne
manquoit rien à ses loix , & que pendant que les Lacédémoniens les obser-
veroient , Lacédémone seroit la plus
glorieuse cité du monde , & jouiroit

d'une parfaite félicité. Notre légiſlateur fit écrire cette réponſe ou cette
prophétie , & l'envoya à Lacédémone.

Il fit enſuite un ſecond ſacrifice, &
après avoir embraſſé ſon fils unique
nommé *Antiochus** & tous ſes amis, il
réſolut de mourir volontairement à
Delphes, pour ne pas dégager les Lacédémoniens du ferment qu'ils lui
avoient fait d'obſerver inviolablement ſes loix. D'ailleurs il ſe voyoit
auſſi heureux qu'il pouvoit l'être, & il
étoit parvenu à un âge où, comme le
dit fort bien *Plutarque*, on peut être
attaché à la vie, mais où l'on peut auſſi
la quitter ſans regret. Il mourut donc
en s'abſtenant de manger.

On ne ſait point préciſément en quel
endroit il eſt mort. La plus commune opinion eſt que ce fut en Crète. Ses

* On ſera peut être étonné de trouver ici un fils
à LYCURGUE ſans l'avoir vu marier ; mais aucun hiſtorien n'a parlé de ſon mariage ; & c'eſt ſans doute
une omiſſion très conſidérable à l'hiſtoire de ce grand
Homme. Il eût été curieux de ſavoir comment il
s'eſt marié , & à qui il s'étoit marié , & on ne ſait
comment ce trait a pu échapper à tant d'Ecrivains
qui ont fait de ſi grandes recherches pour nous le
faire entièrement reconnoître.

B 5

amis firent brûler fon corps & jetter fes cendres dans la mer, comme il les en avoit expreffément chargés, de peur que fi fes cendres étoient un jour portées à Lacédémone, les Lacédémoniens ne le regardaffent comme de retour, & fe croyant quittes du ferment qu'ils lui avoient fait, ne changeaffent la forme du gouvernement qu'il avoit établie.

C'eft ainfi du moins que le rapporte *Ariftocrate*, fils d'*Hypparque*; mais *Plutarque* prétend que fes cendres furent portées à Lacédémone, que la foudre *confacra fon tombeau*, & qu'on lui éleva un temple où on lui faifoit encore, dans le temps de *Plutarque*, des facrifices comme à un Dieu.

C'eft ainfi que *Plutarque* rapporte fa mort. Cependant M. *Dacier*, qui l'a traduit & commenté, a de la peine à croire qu'un homme auffi fage que LYCURGUE, fe foit laiffé mourir de faim par des vues de politique. *Tertullien* veut que ce foit parce que les Lacédémoniens avoient ofé corriger fes loix; mais cet auteur ne donne aucun garant de ce qu'il avance; & comme il cherche à décrier les plus grands hommes de l'antiquité, qu'il leur suppose des vices ou des foiblesses qu'ils n'ont jamais eus, il ne mérite aucune croyance. Ce qu'il y a de certain, c'est qu'on ne sait ni comment il est mort, ni à quel âge il est mort. *Lucien* dit qu'il avoit quatre-vingt-cinq ans ; mais c'est une opinion qu'il est bien permis de ne pas adopter ; car si réellement il étoit dans l'âge où, selon *Plutarque*, on peut être attaché à la vie, il ne pouvoit pas être si vieux que *Lucien* l'a cru.

Quoi qu'il en soit, après sa mort les sénateurs n'étant plus contenus par sa présence, prirent peu à peu une autorité sur le peuple, qui lui devint onéreuse, de sorte qu'on crut devoir l'arrêter en nommant des inspecteurs ou contrôleurs de leur conduite qu'on appella *Ephores*, & qui n'étoient en charge que cinq ans. A ce changement près, ils ne touchèrent point aux loix de LYCURGUE, & pendant cinq ans qu'ils les observèrent, Lacédémone fut la ville de la Grèce la plus célèbre & la mieux policée. Mais au bout de ce temps, sous le règne d'*Agis*, l'argent s'étant introduit dans cette ville, l'avarice & l'ambition y entrèrent avec lui.

On a vu que notre Légiflateur n'avoit travaillé qu'à rendre les Lacédémoniens braves & guerriers : or c'eft cette bravoure qui perdit Lacédémone. Ses habitans s'étant rendus maîtres d'Athènes, un nommé *Lyfandre* apporta dans la ville de très-riches dépouilles, & des fommes confidérables d'or & d'argent. Ce fut là la pomme de difcorde. Le luxe & l'amour des richeffes renaquirent, & avec eux, les malheurs qui les accompagnèrent.

C'étoit fans doute une grande faute que LYCURGUE avoit faite dans fa légiflation, que de ne former que des guerriers à Lacédémone, au lieu de faire des hommes pacifiques & éclairés. Ce grand Légiflateur ne vouloit pas qu'il fût permis à toutes perfonnes de voyager & de courir le monde, de peur qu'elles ne rapportaffent que des mœurs étrangeres, des coutumes défordonnées & licentieufes, & plufieurs différentes idées de gouvernement. Il avoit chaffé, par cette raifon, tous les étrangers qui ne venoient à Lacédémone que par curiosité, sans vouloir ni être utiles à la patrie, ni reconnoître ses loix. Comment cela se concilioit-il avec cet esprit militaire, & même de friponnerie qu'il inspiroit aux Lacédémoniens dès leur enfance? En allant guerroyer dans les pays étrangers, ne voyageoit-t-on point? & si cela étoit, la défense de voyager étoit nulle & illusoire.

Au reste, il est certain qu'à mesure que les étrangers entrent dans une ville, il y entre nécessairement des propos nouveaux ; que ces propos engendrent de nouveaux sentimens, & que ces sentimens font nécessairement éclore de nouvelles passions ou inclinations qui, étant souvent opposées au gouvernement, en détruisent toute l'harmonie. Aussi LY-CURGUE croyoit qu'il est plus important & plus nécessaire de fermer les portes des villes aux mœurs corrompues, qu'aux malades & aux pestiférés. *

----

* Quoique j'ai toujours donné le nom de *Lacédémone* à la patrie de LYCURGUE, je sais avec tout le monde que Lacédémone est la même chose que *Sparte*, & que ces deux noms ont été confondus depuis le mariage de *Lacédémon* avec *Sparta*, & j'en préviens le lecteur, afin de ne rien laisser de louche dans l'histoire de notre Législateur.

Me Cl. Reydellet del.   Reydellet Scu.

SOLON. *

LES loix de *Lycurgue* ne furent pas entièrement goutées à Rome. *Numa Pompilius*, succeſſeur de *Romulus* dans le gouvernement de cette ville, y fit des changemens & des modifications. Premièrement il trouva barbare cette loi que le légiſlateur de Lacédémone avoit donnée contre les eſclaves, par laquelle il étoit permis de les aſſaſſiner, & il voulut que des eſclaves véritablement nés dans la ſervitude, partageaſſent avec leurs maîtres les honneurs & la liberté. En ſecond lieu il blâma l'éducation des filles de Sparte, & ordonna qu'elles vécuſſent avec la modeſtie & la bienſéance convenables à leur ſexe. Il recommanda auſſi aux

---

*Les vies des plus Illuſtres Philoſophes de l'Antiquité, par Diogène Laerce, tom. I. Les vies des hommes Illuſtres de Plutarque, &c. tom. I. Hiſtoria Philoſophiæ autore Thoma Stanleio, pag. 28. Mémoires de l'Académie Royale des Inſcriptions & Belles Lettres, tom. I, III, V, VIII, X, XII & XXI,

femmes la pudeur ; leur ôta toute
vaine curiofité ; leur enjoignit d'être
fobres ; les accoutuma à un grand fi-
lence ; leur défendit abfolument l'u-
fage du vin , & ne leur permit de parler que des chofes néceffaires , & même en préfence de leur mari. Enfin il
réforma cette loi de *Lycurgue*, qui enlevoit les enfans à leur père : il leur
laiffa la liberté de les faire élever
felon leur caprice ou leurs facultés ;
& en cela il n'eut pas l'approbation
des hommes éclairés , qui foutenoient
que pour le bien de la république &
l'avantage même du père & des enfans, ces enfans devoient être inftruits
par des perfonnes choifies capables de
le faire , & qui fuffent diftinguer l'apti-
tude de chaque fujet pour la feconder
& en tirer le meilleur parti. Mais , à
l'exemple du légiflateur de Lacédémone, il porta tous les citoyens à la
tempérance & à la frugalité, & il eut
cet avantage fur lui, qu'il recommanda plus la juftice que la force. *Lycur-*
gue avoit rendu les Spartiates belli-
queux pour les garantir des outrages
de leurs voifins. *Numa* engagea les

Romains à renoncer aux armes, afin de les empêcher de commettre des injustices.

Telles étoient les loix à Rome lors de la naissance de la Philosophie. Quoiqu'il y eût beaucoup à dire sur ces loix, c'étoient cependant les meilleures qu'on eût dans le monde. Le premier législateur d'Athènes, nommé *Dracon*, en avoit fait dans cette ville, qu'un ancien (*Demades*, orateur célèbre du tems d'*Alexandre* le Grand) disoit avoir été écrites avec du sang plutôt qu'avec de l'encre, tant elles étoient cruelles. Elles ordonnoient la mort pour tons les crimes, & punissoient également de cette manière le vol, l'oisiveté, le meurtre & le sacrilège. Il manquoit donc aux Athéniens des loix plus douces & conformes à leurs mœurs. Et ce fut là l'ouvrage qu'entreprit le second Philosophe de l'univers.

Il se nommoit SOLON. Il naquit à Salamine, l'an 638 avant Jesus-Christ. Son père, appellé *Exechestides*, étoit de la famille des rois de Pilos; & sa mère étoit cousine germaine de *Pisistrate*, un des principaux d'Athènes,

& qui en devint par la fuite le roi ou plutôt le tyran.

Execheſtides diſſipa tout ſon bien par mauvaiſe adminiſtration, & par trop de facilité à obliger tout le monde de ſa bourſe. Il ne put par conſéquent élever ſon fils conformément à ſa naiſſance. Comme le commerce étoit dans ce temps-là un état honorable, parce qu'on prétendoit que c'étoit un moyen de faire amitié & alliance avec les rois, & d'acquérir des con- noiſſances, il le mit dans le commerce & le fit voyager.

Solon ſe prêta aux volontés de ſon père ; mais un goût naturel qu'il avoit pour les ſciences, le porta à voir & à s'inſtruire plutôt qu'à trafiquer & à s'enrichir. Il s'amuſa d'abord à la poé- fie, pour rendre les hommes plus ſa- ges & plus heureux.

Dans ce temps-là on appelloit *Sa- ges* les Poëtes, les Muſiciens & les ſavans de toute eſpèce (*a*). La qualité

(*a*) Voyez le *Mémoire de M. Hardion ſur l'origine & les progrès de l'éloquence dans la langue Grecque*, dans le tom. XIII des *Mémoires de l'Académie Royale des Inſcriptions & Belles-Lettres.*

de Poëte valut donc le titre de fage à notre Philofophe. Il falloit fe rendre digne de ce titre, & SOLON jugea qu'au talent de la poéfie il convenoit de joindre des connoiffances fur la morale, fur la politique & fur la phyfique. Il s'appliqua donc à ces fciences, & fit fur-tout beaucoup de progrès dans la morale & dans la politique.

Il étoit occupé à l'étude de ces fciences lorfqu' *Anacharchis*, de Scythe, un des Sages de la Grèce, vint à Athènes: il avoit entendu parler de notre fage, & il voulut le voir. SOLON le reçut froidement; mais *Anacharchis* lui ayant dit qu'il venoit faire amitié avec lui pour établir entre eux le droit d'hofpitalité, notre fage lui répondit *qu'il étoit mieux de faire amitié chez foi, fans courir fi loin.* Eh bien, reprit *Anacharchis*, puifque tu es chez toi, fais donc amitié avec moi felon ta maxime. SOLON également étonné de la vivacité & de la juftefte de cette réponfe, le reçut à bras ouverts, & le retint quelques jours chez lui.

Il lui communiqua le travail qu'il faifoit fur les loix, & le projet qu'il avoit formé de réformer le gouvernement de la république. *Anacharchis* fe moqua de cette entreprife. Toutes vos loix, lui dit-il, reſſemblent à des toiles d'araignées : les foibles & les petits s'y prendront & s'y arrêteront ; mais les puiſſans & les riches les romperont ſans peine. *Cependant*, reprit SOLON, *les hommes exécutent fort bien tous les traités qu'ils ont fait quand aucune partie ne trouve ſon profit à les rompre : il en ſera de même de mes loix ; car je les tempère de manière, & je les accomode ſi bien aux intérêts de mes citoyens, qu'ils connoîtront évidemment qu'il eſt plus avantageux de les obſerver que de les violer.*

Cette réponſe étoit judicieuſe : néanmoins le ſuccès fit voir que la comparaiſon d'*Anacharchis* étoit plus juſte que l'eſpérance de SOLON n'étoit bien fondée. Notre Philoſophe voulut qu'*Anacharchis* aſſiſtât à une des aſſemblées des Athéniens avant que de partir, afin qu'il pût mieux apprécier ſon entrepriſe : mais ſans ſe départir de ſon ſentiment, ce ſage ſe contenta de lui dire : Je ne puis aſſez m'étonner de ce que dans vos délibérations les ſages parlent & les ſots décident.

SOLON attendoit toujours une oc-

casion favorable de propoſer ſes loix,
& il s'en préſenta une qu'il ſaiſit avec
empreſſement. Les Athéniens fatigués
de la longue & fâcheuſe guerre qu'ils
avoient contre les citoyens de Mégare,
pour l'iſle de Salamine, firent une loi
qui défendoit, ſous peine de vie, d'avan-
cer ni par écrit, ni de vive voix, qu'on
dût recouvrer cette iſle. C'étoit la coutume des Athéniens, quand ils avoient
fait une choſe qui les mortifioit, de
défendre d'en parler, comme ſi le ſilence pût remédier à leurs maux &
diminuer leurs fautes ou leurs pertes.
Et c'eſt-là le parti que prennent aujourd'hui les états mal gouvernés, quand
il ſe forme un ſchiſme, ou une diviſion
au ſujet de quelque nouveau ſentiment.

SOLON regardoit cette coutume
comme une infamie. S'étant apperçu
que les jeunes gens d'Athènes ſouhai-
toient de recommencer la guerre avec
les Mégariens, mais qu'ils n'oſoient
en parler à cauſe de la loi, il ſongea
à profiter de la bonne volonté de cette jeuneſſe, pour attaquer de nouveau
Mégare, & pour abolir cette loi.

Il fit dabord répandre dans toute la ville, par ses amis & ses domestiques, qu'il avoit perdu l'esprit, & composa une belle Elégie contre cette loi, qu'il apprit par cœur pour la réciter en public en un jour favorable. Lorsqu'il crut qu'il étoit temps de paroître, il sortit de chez lui habillé en malade, & courut à la place publique, où il monta sur la pierre qui servoit de piedestal aux hérauts & aux sergens pour faire leurs publications.

Bientôt il fut entouré par tout le peuple d'Athènes. C'étoit ce qu'il demandoit ; & lorsqu'il vit la place pleine de monde, il chanta tout haut son Elégie, qui commence par ces mots : *Je suis un héraut qui vient vers vous de l'agréable Salamine, après avoir composé ce beau discours en vers.* Cette Elégie étoit intitulée *Salamine. Plutarque* dit qu'elle étoit composée de cent vers parfaitement beaux ; & il faut s'en rapporter à lui : car de tous les écrits de notre Philosophe, il n'en est parvenu que deux jusqu'à nous, par les soins de *Philon* & de *Clément* d'Alexandrie. Dans l'un il fixe à 70 ans la durée de la vie humaine, & l'autre a pour sujet la ruine des villes (a).

SOLON n'eut pas plutôt achevé de chanter, que tous les assistans battirent des mains, c'est-à-dire, louèrent hautement ce poëme. *Diogene de Laerce* dit qu'entre autres expressions dont il se servoit pour émouvoir le peuple, celles-ci produisirent un grand effet : *Que ne suis-je, à Pholegrande* (l'une des isles Sporades dans la mer Egée) ou *à Sicine ! Que ne puis-je changer ma patrie contre une autre ! J'entends répandre ce bruit deshonorant, voilà un des Athéniens qui ont abandonné Salamine : Que n'allons nous réparer cette honte en conquérant l'isle !* Ses amis saisirent ce moment pour engager les Athéniens à recommencer la guerre contre les Mégariens ; & *Pisistrate,* parent de notre Sage, les détermina à révoquer sur le champ la loi du silence sur cette guerre, & à reprendre les armes; ce qui fut exécuté.

La guerre fut résolue, & on élut

____

(a) Voyez les *Mémoires de l'Académie des Inscriptions & Belles-Lettres*, tom. VII, pag. 170.

Solon général de l'armée qu'on deftina contre les Mégariens : étrange
révolution fans doute, & qui prouve
bien ce que peut l'éloquence fur les
efprits foibles. Tout le peuple croyoit
que Solon étoit fou, & voilà qu'a-
près l'avoir entendu chanter, on le juge
fage, & on le charge du commandement d'une armée.

Cependant ce Sage fe hâta d'em-
barquer des troupes, & accompagné
de *Pififtrate*, fit voile vers Coliade,
promontoire de l'Attique fur la côte de
Phalère, à vingt ftades d Athènes, où
les dames de cette ville étoient affem-
blées pour faire le facrifice annuel à
Cérès. Dès qu'il fut arrivé, il envoya
à Salamine un homme de confiance, à
qui il ordonna de faire femblant d'être
transfuge, & de dire à ceux des citoyens
de Mégare, qui tenoient alors cette
ifle, que s'ils vouloient prendre les
principales femmes des Athéniens, ils
n'avoient qu'à venir promptement
avec lui au promontoire de Coliade.

Les Mégariens fe laiffèrent perfuader, & envoyèrent fur le champ des
foldats à ce promontoire pour enlever celles qui y étoient. Solon, qui
de

de la pointe de Coliade obſervoit ce
qui ſe paſſoit dans Salamine, n'eut pas
plutôt vu ſortir le vaiſſeau des Mégariens du port de cette iſle, qu'il renvoya promptement toutes les femmes
à Athènes, donna leurs habits, leur
coëſſure & leur chauſſure aux plus jeunes de ſes ſoldats, qui n'avoient point
encore de barbe, & leur fit cacher
des poignards ſous leur robe; & quand
il les eut ainſi armés & équipés, il leur
commanda de danſer tous enſemble
ſur le bord de la mer, juſqu'à ce que
leurs ennemis fuſſent à terre & que
leur vaiſſeau ne pût plus échapper.

Les Mégariens donnèrent dans le
piège. Ils prirent ces jeunes gens pour
des femmes, & s'étant approchés du
promontoire avec une entière confiance, ils s'empreſſèrent de les aller ravir;
mais on les reçut ſi bien qu'aucun d'eux
ne ſe ſauva, & qu'ils furent tous tués
ſur la place. Les Athèniens s'embar-
quèrent auſſi-tôt, & ſe rendirent
maîtres de Salamine ſans aucune difficulté.

C'eſt ainſi que notre Sage ſe rendit
maître de cette iſle, ſuivant *Plutarque*.
Des Hiſtoriens prétendent que ce n'eſt

pas là la ruse dont il fit usage, mais
que s'étant embarqué pour Salamine,
il alla jetter l'ancre près de cette isle.
Les Mégariens, qui en furent instruits,
envoyèrent à la découverte un vais-
seau, lequel s'étant approché de trop
près, fut pris par SOLON, qui retint
ceux qui le montoient, & mit à leurs
places les plus braves des Athéniens.
Il leur ordonna de s'approcher de l'isle,
en se cachant le plus qu'ils pouroient.
Alors il descendit avec ses troupes
pour obliger les Mégariens à sortir de
Salamine; & pendant qu'il combattoit,
les Athéniens qui étoient dans le vais-
seau s'emparèrent de la ville.

Quoi qu'il en soit, cette conquête
fit bien de l'honneur à notre Philosophe & lui donna beaucoup d'autorité
à Athènes; mais il acquit encore un
plus haut dégré de considération &
d'estime par un beau discours qu'il
prononça pour engager les Athéniens
à défendre le temple de Delphes, dont
les habitans de Cyrrhe, sur le golphe
de Corinthe, vouloient s'emparer.
SOLON fut nommé avec *Clysthène* par
les Amphictyons, c'est-à-dire, les juges de toute la Grèce, chefs de l'ar-

mée qu'on deftina pour faire le fiége de Cyrrhe.

Avant que de rien entreprendre, ces deux chefs confultèrent l'oracle, qui leur dit qu'ils ne pouvoient prendre cette place qu'après qu'ils auroient fait enforte que les flots de la mer de Cyrrhe baignaffent fon territoire. Perfonne n'entendit ce que cela vouloit dire ; mais notre Philofophe expliqua ainfi les paroles de l'oracle. On l'accomplira, dit-il, en confacrant toutes les terres de Cirrhe à Appollon ; car le territoire de Delphes étant accru par ce moyen, & s'étendant jufqu'au golphe, les flots de la mer baignèrent alors véritablement fes frontières. Cela étant exécuté, la ville fut prife, & les Cirrhéens punis de leur audace & de leur impunité.

Cependant SOLON voulut juftifier fa conquête de Salamine, comme étant un bien qui appartenoit de droit aux Athéniens. A cette fin il ordonna qu'on ouvrît quelques tombeaux, & il fit remarquer que les cadavres y étoient couchés tournés vers l'Orient, & que les cercueils étoient difpofés de cette manière, & portoient des infcriptions

des lieux où ils étoient nés ; ce qui étoit
une coutume particulière aux Athéniens.

Dans ce temps-là il y avoit deux partis à Athènes, qui gardoient l'un contre l'autre une forte animosité. Cette
faction avoit été formée par une exécution horrible, que l'Archonte, ou
premier magistrat d'Athènes nommé
Mégaglès, avoit faite des complices de
Cylon, l'un des principaux citoyens de
cette ville qui, sur la foi d'un oracle,
s'étoit emparé de la citadelle d'A-
thènes pendant la fête des jeux olympiques. Les amis de ces complices vouloient que l'on vengeât leur mort, &
ceux de *Mégaglès* exigeoient qu'on pu-
nît du dernier supplice les descendans
de *Cylon*.

La fermentation étoit très considérable ; tellement que le peuple étant divisé, SOLON, pour le calmer & éviter les
horreurs d'une guerre civile, se mit
au milieu des deux partis avec les personnes les plus distinguées d'Athènes,
& fit tant par ses prières & ses remon-
trances, qu'il leur persuada de remet-
tre la décision de leur différend à trois
cens des plus gens de bien de la ville.

La cause fut plaidée devant ces juges, & les partisans de *Mégaclès* y perdirent leur cause. Les Athéniens de leur côté perdirent aussi Nicée & Salamine ; car les Mégariens ayant profité de cette division, s'emparèrent de ces deux villes.

A ces troubles succédèrent des craintes superstitieuses, causées par des visions, des spectres & des fantômes. Des fripons qu'on appelloit devins les fomentoient, en assurant que la ville étoit souillée de crimes qu'il falloit purger. Tous les Athéniens étoient coupables. Dans cette perplexité on estima qu'il falloit consulter des étrangers. *Epiménide* vivoit alors. Il demeuroit à Crète. C'étoit un grand Philosophe qui passoit pour être fort aimé des Dieux, & très-savant dans les choses divines. On crut donc que personne n'étoit plus en état que lui de leur donner de bons conseils là-dessus. Ils lui députèrent *Nicias*, l'un des principaux citoyens d'Athènes, afin de le prier de venir sanctifier leur ville par sa présence, & de les éclairer sur la conduite qu'ils devoient tenir désor-

mais à l'égard des Dieux, pour appaifer leur colère.

Epiménide acquiefca à cette prière
que lui fit *Nicias* de la part des Athéniens ; & étant arrivé à Athénes, il fit
connoiffance avec notre Philofophe.

SOLON lui communiqua fes loix, &
Epiménide fe chargea de lui frayer
le chemin pour les faire recevoir du
penple. Dans cette vue il exhorta les
Athéniens à diminuer les dépenfes qu'ils
faifoient pour les rites de leur religion,
à ne point fe meurtrir le vifage quand
quelqu'un de leurs parens mouroient,
à être plus dociles & à vivre déformais
en bonne intelligence. Et pour joindre
à ces exhortations quelques cérémonies religieufes, qui les rendiffent plus
efficaces, il fit des expiations & des
fondations de temples & de chapelles,
& purifia ainfi fi bien la ville, qu'il dif-
pofa fes habitans à obéir à tout ce
qui feroit jufte.

Les Athéniens charmés de la vertu
& de la fageffe de ce grand Perfonnage, voulurent le combler de pré-
fens & d'honneurs ; mais il les refufa,
& ne voulut qu'une branche d'olivier

facré, qu'il rapporta dans fon pays.
Ils n'en vécurent pas pour cela en
meilleure union. Les pauvres murmu-
roient de la fupériorité que les riches
avoient fur eux. Ceux-là, fe trouvant
obligés envers ceux ci pour les dettes
qu'ils ne pouvoient payer, étoient réduits à leur donner tous les ans le
fixiéme des f.uits de leurs terres, ou
à engager leur propre perfonne; ce
qui les rendoit efclaves de leurs créanciers, qui les envoyoient vendre
dans les pays étrangers. La plupart
même de ces malheureux étoient forcés
de vendre leurs propres enfans.

Cela étoit fort dur. Auffi les pauvres
fe mutinèrent, & menacèrent de prendre un parti violent fi l'on ne réformoit
cette loi. Toute la ville fe trouvoit par-
là dans un preffent danger. Dans cette
extrémité, les plus fages des Athéniens
confidérant que SOLON n'étoit fufpeét
à aucun des deux partis, le prièrent
d'appaifer ces différends; & afin de
le mettre à portée de le faire avec fuccès, on l'élut Archonte.

Dabord notre Philofophe calma la ru-
meur, en promettant fecrettement aux
pauvres un nouveau partage des terres,

& en faifant efpérer aux riches la con-
firmation de leurs titres. Enfuite il donna
pour maxime d'un bon gouvernement,
que *l'égalité n'engendre point de guerre.*
Cette maxime plût extrêmement aux
pauvres & aux riches, parce que les premiers fe flattoient de parvenir par-là
à cette égalité par un nouveau partage de terres, & que les feconds s'at-
tendoient à tirer le même avantage de
leur rang & de leur mérite. C'étoit
expliquer la maxime d'une manière
bien fingulière.

Quoi qu'il en foit de cette interpré-
tation, ce mot de SOLON lui concilia
tellement l'eftime des deux partis, que
les chefs le preffèrent d'accepter la
royauté, & de prendre hardiment la
conduite d'une ville, où il avoit déja
toute autorité. Pour le déterminer, on
fit parler l'oracle de Delphes, qui lui
confeilla de monter fur le trône. Ses
amis joignirent leurs follicitations à
celles des notables de la ville, & dans
la vue de les rendre efficaces, ils l'ac-
cufèrent de baffeffe & de lâcheté de
n'ofer prendre le fceptre d'Athenes,
dans la crainte de ne pouvoir le porter. Toutes ces raifons n'ébranlèrent

pourtant pas notre Philosophe : il se
contenta de répondre à ses amis : *C'est*
un beau pays que la royauté, mais il n'a
point d'issue ; mais il leur promit de
travailler toujours avec le même zèle
& la même activité aux affaires de la
république.

C'étoit une belle occasion pour donner ses loix, & il la saisit habilement.
D'abord il cassa les loix trop sévères de
Dracon, qui, comme je l'ai déja dit,
ordonnoient la mort pour toutes les
fautes, & que *Dracon* lui-même n'a-
voit pu justifier, qu'en disant que les plus
petites fautes lui avoient paru dignes de
mort, & qu'il n'avoit pu trouver d'autres punitions pour les plus grandes.

Après avoir annullé ces loix, So-
LON voulut que les charges demeuras-
sent entre les mains des riches ; & pour
ne point trop humilier les pauvres, il
leur donna aussi quelque part au gouvernement, dont ils étoient exclus.

Il fit ensuite une estimation des biens
de chaque particulier, & leur assigna
des rangs conformément à leur revenu. Il mit au premier rang ceux qui
avoient cinq cens mesures de revenu ;
au second, ceux qui en avoient trois

cens, & les moins riches qui n'avoient
que deux cens mesures de revenus, furent au dernier. A l'égard des personnes qui ne possédoient presque
rien, ils furent regardés comme mer-
cenaires, travaillant de leurs mains,
& hors d'état de posséder aucune charge. Seulement notre législateur leur
permit d'opiner dans les assemblées &
dans les jugemens du peuple ; & cela
suffit pour les contenter.

Par cette division de classes de citoyens, SOLON donna au peuple (comme il le dit fort bien lui-même dans
ses vers) un pouvoir juste & raison-
nable, sans trop augmenter ni diminuer
son autorité, & pourvut à la sûreté des
riches, en les mettant à couvert de
toute insulte. Ainsi les deux partis
étoient munis d'un fort bouclier, afin
que l'un ne pût jamais opprimer injustement l'autre.

Cependant la partie n'étoit pas tout-
à-fait égale entre le riche & le pauvre ;
mais elle la devint par une loi que fit
notre Législateur, par laquelle il étoit
permis à tout le monde de prendre ou
d'épouser la querelle de celui qu'on auroit outragé.

Si quelqu'un avoit été insulté ou maltraité, le premier venu pouvoit dénon-
cer à la justice, & même poursuivre
par cette voie l'auteur de l'offense.
Par ce moyen le pauvre contenoit le
riche, & ne craignoit point sa supériorité.

C'étoit en cette égalité que SOLON
faisoit consister la félicité des citoyens.
Car il disoit que *la ville la plus heureu-*
se & la mieux policée, étoit celle dont les
citoyens étoient si unis, que ceux qui n'a-
voient point été outragés sentoient l'inju-
re faite à leurs compatriotes, & en pour-
suivoient la réparation aussi vivement que
ceux qui l'avoient reçue.

Après avoir ainsi lié & uni les citoyens les uns aux autres, le Sage dont
j'écris l'histoire abolit, par une Ordonnance, toutes les dettes & la con-
trainte par corps, ou du moins dimi-
nua tellement les intérêts, que les pauvres, charmés du soulagement qu'ils
en tiroient, donnèrent à cette Ordonnance le nom de *Décharge.* Il augmenta
aussi par la même Ordonnance les mesures & la monnoie, & cela pour faciliter l'acquittement des dettes ; car
les débiteurs gagnoient ainsi beau-

coup, fans que les créanciers perdiffent.

Comme cette nouveauté lui parut très-délicate, SOLON chercha les expreffions les plus perfuafives & les plus féduifantes pour la faire paffer dans l'Edit qu'il devoit publier à cet effet. Il le communiqua enfuite à fes amis, & leur en demanda leurs fentimens. Ceuxci l'approuvèrent, & firent un abus étrange de cette confiance. Il fe hâtèrent de prévenir la publication de l'Edit, pour profiter des avantages que les débiteurs devoient en retirer. À cette fin, ils empruntèrent des meilleurs bourfes de groffes fommes, avec lefquelles ils achetèrent des biens-fonds; & quand l'Edit fut publié, ils gardèrent les biens, fans rendre l'argent qu'ils avoient emprunté, autorifés par l'Edit qui aboliffoit les dettes.

Cette fupercherie excita un cri d'indignation de tout le peuple. On en fit un crime à SOLON, & on l'accufa hautement d'avoir aidé fes amis à tromper les autres. Cette calomnie l'affligea beaucoup; mais il la détruifit en remettant le premier une fomme confidérable qui lui étoit düe. Sa loi ou ordonnance ne fut guères mieux reçue :

les riches sur-tout en murmurèrent;
mais le temps en fit bientôt voir l'u-
tilité. On cessa de se plaindre, & les
avantages de la loi devenant toujours
plus sensibles, on se réunit pour rendre
aux Dieux des actions de grace, par un
sacrifice qui fut appellé le *sacrifice de la
Décharge.*

Ils voulurent ensuite remercier leur
Législateur, & ils jugèrent qu'ils ne
pouvoient point lui donner une meilleure marque de gratitude, qu'en le
nommant intendant des loix & de la
police, en lui donnant le pouvoir de
créer à son gré des officiers, de régler
leur nombre, leurs biens & le temps
qu'ils devoient être en charge, & de
casser & confirmer, comme il le juge-
roit à propos, toutes les Ordonnances qui avoient été faites auparavant.
Ainsi SOLON ne fut pas roi de nom,
mais d'effet.

Ce grand homme usa sagement de
ce pouvoir. Il confirma tous les usages
qui lui parurent supportables, dans la
crainte qu'en voulant trop faire, il ne
gatât tout. Il chercha ensuite à joindre
la force à la justice. Dans cette vue,
il forma le sénat de l'Aréopage, où,

fuivant les plus célèbres hiftoriens, il
le rétablit & augmenta fon autorité.

L'Aréopage étoit une colline près
de la citadelle d'Athènes, où il y avoit
un enclos découvert, dans lequel les
juges s'affembloient pour juger les affaires les plus importantes. Ce fénat
exiftoit, fuivant M. *Dacier*, fous le régne de *Cécrops*, mille ans avant SOLON.
Il étoit compofé des plus gens de bien
de la ville ; mais notre Sage voulut
qu'on n'y nommât dorénavant que les
Archontes (ou premiers Magiftrats)
fortis de charges. Il n'y avoit rien de
plus grand ni de plus augufte que ce
fénat ainfi formé. Le peuple en honora les membres comme des Dieux.

SOLON avoit été Archonte ; il fut
donc du nombre des juges. Il croyoit
par ce nouveau fénat contenir le peuple, que l'abolition des dettes rendoit
haut & infolent ; mais voyant que cette
fierté & cette infolence ne faifoient
qu'accroître, il créa un fecond confeil
de quatre cens hommes, cent de chaque tribu, dans lequel il voulut qu'on
rapportât toutes les affaires avant que
de les propofer au peuple, qui ne connoiffoit rien qui n'eût été bien exa-

miné par ce second conseil. Il réserva cependant à l'Aréopage, comme à une cour souveraine, l'intendance générale de toutes ces choses, & lui laissa le soin de faire observer ses loix. Enfin il crut que l'état affermi par ces deux cours ne seroit plus ni agité ni tourmenté, & que le peuple seroit plus tranquille.

Persuadé qu'il n'y avoit plus rien à craindre de la part du peuple, en descendant des loix générales qu'il avoit établies, & qu'on observoit, à des loix particulières, SOLON entra dans les détails. Il commença à pourvoir à la sûreté des citoyens ; & comme il savoit que rien n'étoit plus contraire à cette sûreté que les séditions, il fit une loi qui déclaroit infâmes ceux qui dans une sédition ne prendroient aucun parti, & qui les condamnoit à un bannissement perpétuel & à la confiscation de leurs biens. Il trouvoit barbare qu'on fût insensible aux malheurs communs, & qu'on ne prît aucune part aux misères de sa patrie.

Ayant ensuite remarqué que des hommes qui étoient impuissans ne laissoient pas que de se marier lorsqu'ils trouvoient des riches héritières, il fit

une loi qui permettoit aux filles , qui
avoient été ainsi trompées , de se consoler avec tels parens de son mari qu'elles
voudroient choisir. Il voulut encore que
la nouvelle mariée fût enfermée avec
son mari , & que celui-ci fût obligé de
la voir au moins trois fois le mois , pour
entretenir entre eux l'union & la bonne intelligence. Et afin que le mariage
ne devînt un trafic pour le gain , mais
qu'il fût toujours regardé comme une
société honorable pour avoir des enfans
& vivre agréablement , il abolit les
dots des mariages & ordonna que les
mariées ne porteroient à leurs maris
que trois robes , & quelques meubles
de peu de valeur.

Rien ne lui paroissoit plus honnête &
plus saint que le mariage : aussi chercha-
t-il d'autres moyens d'engager les citoyens à former ce nœud ; & celui qu'il
estima le meilleur , ce fut de dispenser
par une loi particulière , les enfans nés
d'une concubine de nourrir leur père ;
car celui qui jouit d'une femme qui n'est
point mariée avec lui , ne le fait que
pour assouvir sa passion , & non pour
avoir des enfans : *Il a donc* , disoit So-
LON , *sa récompense* , *& ne peut récla-*

mer aucun droit fur ceux qui font venus
de ce commerce, & dont il a rendu la vie
un opprobre éternel.

Toujours dans la vue de refferrer
les nœuds du mariage, il permit de
tuer un adultère qu'on prendroit fur
le fait. Mais fi quelqu'un avoit enlevé
& violé une femme libre, il ne le
condamnoit qu'à une amende de cent
drachmes. Si l'intention du ravifleur
étoit de la produire, il le taxoit à vingt
drachmes, à moins que ce ne fût une
courtifane, parce qu'il n'y avoit point
alors de féduction.

L'amour du gain & des richefles
avoit encore introduit un abus très-
préjudiciable à la fubfiftance des Athéniens : c'étoit l'exportation des fruits
de la terre. Les riches enlevoient tout,
& le faifoient pafler aux étrangers, qui
le payoient beaucoup mieux que les
citoyens. Auffi, quoique les récoltes
fuffent abondantes, le peuple mouroit
fouvent de faim. Pour remédier à ce
défordre, & mettre un frein à la cu-
pidité des riches, SOLON défendit
l'exportation de tous les fruits de l'Attique, fous peine d'être maudit publiquement par l'Archonte, ou de payer

une amende de cent drachmes au tré-
for public, & ne permit que l'exportation de l'huile.

Il fit auffi de très-beaux réglemens
fur les plants des arbres, pour qu'aucun particulier n'empiétât point à cet
égard fur fon voifin ; fur la tutelle
des enfans, fur l'obligation des enfans
à nourrir leur père & leur mère, fur
les diffipateurs, qu'il déclaroit infames,
fur les débauchés, & enfin fur la févè-
re régularité de la vie qu'il prefcrivoit aux Archontes ; tellement qu'un
Archonte qui s'étoit enivré étoit puni
de mort. Et il réforma une autre loi
qui n'étoit pas mois blamable que la
liberté de tranfporter les fruits : c'étoit
celle qui défendoit de tefter. Par cette
loi le bien du mourant appartenoit de
droit à fes parens, & il n'avoit point
la liberté de difpofer de rien en faveur de quelqu'un de fes amis.

Notre Philofophe trouva cela injufte. Il voulut qu'il fût permis à un mourant de donner fon bien à ceux qu'il
choifiroit, quand il n'auroit point d'enfans ; avec cette claufe néanmoins que
cette donation feroit libre & volontai-
re, & non fuggérée par les careffes d'u-

ne femme intéreſſée, ou diĉtée dans un temps où l'eſprit ſeroit aliéné par la maladie, ou dérangé par des breuvages.

Enfin il régla le deuil des femmes, & leurs voyages; leur défendit de ſe meurtrir le viſage aux enterremens, pour arracher des larmes à ceux qui ſuivoient le convoi; réforma quelques abus; défendit de dire du mal des morts, & termina ſon grand ouvrage de légiſlation par fixer les mois.

Il avoit remarqué que la lune ne s'accordoit ni avec le lever ni avec le coucher du ſoleil, mais que ſouvent en un même jour elle l'atteignoit & le paſſoit. Pour concilier cela, il déſigna le premier mois par un nom relatif au changement de l'autre. Ce nom étoit *Ene Cainea*, c'eſt-à-dire, *la vieille & nouvelle lune*. Il attribua auſſi à la fin du mois paſſé ce qui précédoit la conjonĉtion, & à la fin de l'autre ce qui la ſuivoit. Et il expliqua par-là ce vers de l'Odiſſée, où *Homère* dit qu'*Uliſſe* reviendra à la fin du mois ou au commencement de l'autre. Cela ne peut s'entendre, dit SOLON, que d'un ſeul & même jour; car comment un homme arriveroit-il chez lui deux jours de fuite?

Il partagea enfuite le mois en trois dixaines. La première il l'appelloit la *dixaine du mois commençant* ; la feconde, *la dixaine du mois qui eft au milieu ;* & la troifième, *la dixaine du mois finiffant.* La première dixaine fe comptoit de fuite, *le premier, le fecond & le troifième du mois commençant.* Quand on étoit parvenu à la feconde dixaine, on comptoit de même *le premier, le fecond, le troifiéme du mois au milieu,* ou bien *le premier après dix, le fecond après dix,* & la troifième dixaine fe comptoit par fouftraction ; car au lieu de dire *un après vingt, deux après vingt,* on difoit *le dixième du mois finiffant,* c'eft-à-dire, le 21, *le neuvième du mois finiffant,* c'eft-à-dire le 22, &c. Il confeilla auffi aux Athéniens de régler l'année fuivant le cours de la lune. Notre Philofophe fit écrire ces loix fur des rouleaux de bois, qui furent enchâffés dans des cadres où ils tournoient. Et après avoir déclaré qu'il ne leur donnoit force & valeur que pour cent années, il les rendit publiques.

Il eft difficile de contenter tout le monde, & quelques fages que foient les précautions qu'on a prises, & la combinaison qu'on a faite des avantages & des inconvéniens, on ne peut avoir tout prévu. C'est ce que reconnut SOLON, lorsque ses loix furent promulguées. Il fut dès ce moment tous les jours importuné d'une foule de gens, qui alloient chez lui pour les louer ou pour les blâmer. Les uns le prioient d'y ajouter telle ou telle chose, ou d'en supprimer telle autre. Le plus grand nombre exigeoit de lui qu'il rendît raison de chaque article, & qu'il en expliquât le véritable sens. Dabord ce Sage essaya de renvoyer chacun content ; mais enfin excédé de toutes les visites & des questions qu'on ne cessoit de lui faire, il crut devoir se dérober à toutes ces importunités par la fuite.

Il fit entendre aux Athéniens que les affaires de la république & les siennes, exigeoient de lui qu'il voyageât, & leur demanda un congé de dix ans, dans l'espoir que ce temps suffiroit pour qu'on s'accoutumât à ses loix. Les Athéniens consentirent avec regret à ce départ ; mais ils lui accordèrent tout ce qu'il voulut.

SOLON alla dabord en Egypte, &

demeura quelque temps près du rivage de Lanque, à l'embouchure du
Nil. Il y conféra avec les deux plus
favans prêtres de l'Egypte, nommés
Pfenophis & *Sonchis.* Il apprit, entre
autres chofes, le conte de l'ifle Atlan-
tique, qu'il entreprit de mettre en
vers pour le publier à fon retour. Ce
conte confifte en ce que cette ifle At-
lantique étoit une ifle de l'Océan beaucoup plus grande que l'Afie & que
l'Afrique, & qu'elle fut fubmergée en
un jour & une nuit.

D'Egypte il paffa à Cypre. Il y acquit l'eftime & l'amitié de *Philocypre*,
roi de cette ifle. Ce roi faifoit fon féjour dans une petite ville fituée au milieu d'un terrein pierreux & ftérile ; c'é-
toit un endroit très-défagréable. En fe
promenant dans les environs, SOLON
remarqua une grande plaine, où le
terrein gras & fertile préfentoit toutes les richeffes que la nature produit
dans une belle campagne. Il confeilla
au roi d'aller habiter cette plaine, &
par conféquent d'y bâtir une ville. Il
s'offrit de l'aider dans ce projet ; & fes
foins fecondèrent fi bien fon zèle,
que chacun à l'envi s'empreffa d'y

élever des édifices & de s'y établir.
Le roi voulant faire honneur de cette
fondation à notre Philofophe, appella
cette ville *Soli* (ou *Solis*).

Cependant les Athéniens n'étant
plus foutenus par les confeils & par la
préfence de SOLON, oublièrent bientôt
fes loix : on les obfervoit mal, & le
plus grand nombre des habitans, ama-
teur de la nouveauté, fouhaitoit de
changer la face du gouvernement. Il
fe forma même trois partis, qui avoient
chacun un fyftême particulier, & qui
divifoient la ville entre les pauvres &
les riches ; car les richeffes étoient
toujours la pomme de difcorde parmi
les Athéniens. Tout annonçoit une révolution, une guerre civile prochaine,
lorfque notre Sage arriva.

Il fe concilia dabord le refpeét &
la vénération de tout le monde, & en
fe montrant calma la fermentation ;
mais il n'étoit gueres en état de rétablir une parfaite tranquillité. Le nombre de fes années l'avoit privé de la
force & de la vivacité néceffaires pour
agir & pour parler en public. Il aimoit
cependant trop fa patrie, pour ne pas
la fecourir dans un fi preffant danger,

& il chercha un moyen de l'aider autant que ses forces pourroient le permetre. Dans cette vue il vit en particulier les chefs des trois partis, & tâcha de terminer leurs différends & de les mettre bien ensemble.

Pisistrate, son parent, étoit à la tête d'un de ces partis. C'étoit un homme poli, doux & insinuant, secourable envers les pauvres, sage & modéré à l'égard de ses ennemis, & qui paroissoit plus homme de bien que ceux qui l'étoient véritablement. Il se faisoit toujours suivre par deux ou trois esclaves chargés de petites pièces d'argent, qu'il employoit à soulager les malades & à faire enterrer les pauvres. Et lorsqu'il voyoit un homme triste, il s'approchoit de lui, lui demandoit la cause de sa tristesse; & si elle venoit de la pauvreté, il lui fournissoit sur le champ ce qui lui étoit nécessaire, non pour entretenir sa paresse, mais pour lui donner le moyen de subsister de son travail. L'entrée de ses jardins & de ses maisons de campagne étoit libre à tout le monde, qui pouvoit y aller & prendre tout ce dont il pouvoit avoir besoin.

Cela

Cela étoit grand & magnifique. Le peuple ne pouvoit cesser de l'admirer, & il avoit conçu pour *Pisistrate* une estime très-forte, & que celui-ci ne méritoit pas; car il ne cherchoit qu'à s'emparer de l'autorité par ces actes simulés de grandeur & de bienfaisance. C'est ce que reconnut SOLON. Comme il ne connoissoit dans *Pisistrate* qu'une ambition demesurée, & qu'il le tenoit d'ailleurs pour bon citoyen, il voulut le détourner de son projet. *Pisistrate* l'écouta, mais il cacha son dessein jusqu'à ce qu'il jugeât convenable de le mettre à exécution.

SOLON veilloit cependant toujours sur sa conduite; mais il trompa sa vigilence par une ruse, laquelle séduisit le peuple, qui ne sait juger que sur les apparences. Il se blessa, & parut ensanglanté sur la place, où il se fit porter dans un chariot, en accusant ses ennemis de l'avoir mis dans cet état, & en s'écriant qu'il étoit la victime de son bon cœur envers ses concitoyens, & de l'intérêt qu'il prenoit à la prospérité de la république.

La populace, qui s'assembla dans la place, touchée de ce spectacle, jetta

un cri d'indignation contre ceux qui
avoient ainsi maltraité cet homme,
qu'ils regardoient comme leur père.
SOLON, mieux instruit qu'elle, découvrit la fourberie, & s'approchant
de *Pisistrate*, lui dit : *Fils d'Hippocrate,
tu représentes mal l'Ulisse d'Homère ; car
tu t'es déchiqueté pour tromper tes citoyens, & il ne le fit que pour tromper
ses ennemis.*

Cependant le tumulte continuoit
toujours, & la populace étoit prête
à prendre les armes, lorsqu'on jugea
à propos d'assembler le conseil. D'a-
bord *Ariston* demanda qu'on accordât
à *Pisistrate* cinquante gardes pour la
sûreté de sa personne ; mais SOLON se
levant, rejetta cette demande avec
beaucoup de force. *Vous ne regardez,*
dit-il à l'assemblée, *qu'aux paroles douces & flateuses de cet homme qui vous sé-
duit. Chacun de vous en particulier a,
pour ses propres affaires, toute la finesse
du renard, & tous ensemble vous n'êtes
que des têtes sans cervelle, gens stupides
& grossiers.* Mais voyant que tous les
pauvres prenoient le parti de *Pisistrate*
& faisoient grand bruit, & que les
riches se retiroient saisis de crainte, il

sortit de l'assemblée en disant, *j'ai mon-*
tré plus de jugement que les premiers , qui
ne connoissent pas les menées de Pisistrate *, & plus de courage que les derniers , qui*
les connoissent , & qui n'ont pas la force
de lui résister & de résister à la tyrannie.

Le peuple autorisa la proposition
d'*Ariston*, & lui accorda cinquante portes - massues pour sa garde. C'étoient
des gardes moins honorables que les
portes - lanciers , & les Athéniens
croyoient par-là atténuer le cortége
de *Pisistrate* ; mais cette politique devint inutile. Notre Philosophe ne dis-
puta ni sur la qualité ni sur le nombre des gardes. Il laissa à *Pisistrate* la
liberté d'en prendre tant qu'il voulut ,
& *Pisistrate* profita si bien de cette licence, qu'il en prit assez pour s'emparer de la citadelle.

Tous les Athéniens furent très-éton-
nés de cette entreprise, & un grand
trouble succéda à cet étonnement.
Mégaclès , qui étoit à la tête d'un
des trois partis qui existoient lorsque
SOLON arriva à Athènes, & dont j'ai
parlé ci-devant, s'enfuit avec ceux de
son parti. Vivement touché de ce désordre & de cette désertion, SOLON,

quoiqu'il fût déja fort vieux, & que personne ne le secondât, alla sur la place, & tança hautement les Athéniens sur leur lâcheté & leur imprudence, & les exhorta, les encouragea à ne pas abandonner leur liberté. *Mes amis*, s'écrioit-il, *avant ce jour il étoit plus facile d'étouffer la tyrannie encore naissante ; & présentement qu'elle est formée & établie, il est plus grand & plus glorieux de l'abolir.*

Cette exhortation n'opéra rien. Quelque respect qu'on eût pour tout ce qui sortoit de la bouche de SOLON, la peur avoit fermé les oreilles à tout le monde. Notre Sage s'en apperçut, & étant rentré dans sa maison, il prit ses armes & les jetta dans la rue, en disant : *J'ai défendu autant que j'ai pu les loix de ma patrie :* action héroïque qui auroit dû émouvoir tous les esprits, si la prévention en faveur de *Pisistrate* ne les eût absolument subjugués.

Ce fut ici le dernier acte de SOLON en faveur de sa patrie. Il résolut de rester tranquille & de ne plus se mêler des affaires de la république. Ses amis lui conseillèrent de sortir

d'Athènes, parce qu'ils craignoient que
Pisistrate, qui ne le regardoit pas de
bon œil, lui fît un mauvais parti ; mais
il ne voulut pas les écouter, & demeura chez lui, pour reprocher sans cesse
aux Athéniens leur lâcheté. C'étoit
s'exposer beaucoup ; car *Pisistrate* vouloit régner despotiquement : aussi ne
cessoit-on de l'avertir que ce tyran le
feroit mourir, s'il venoit à apprendre
qu'il continuoit de parler contre lui,
comme il le faisoit ; & il ne s'embarrassoit guères de ces avertissemens. Surpris de cette tranquillité au milieu d'un
si grand péril, ses amis lui demandèrent sur quoi il se fioit, pour parler
avec tant de hardiesse & de sécurité ;
sur ma vieillesse, leur répondit il.

C'est du moins ce que *Plutarque*
nous apprend. *Diogène* de Laerce
soutient au contraire que SOLON sortit d'Athènes, & qu'il alla dabord en
Chypre, & ensuite à la cour de *Crésus*,
& il rapporte une lettre écrite à ce
Sage par *Pisistrate*, pour l'engager à
revenir dans sa patrie, & la réponse
de SOLON à cette lettre : mais les
plus habiles critiques, & entre autres,
MM. *Dacier* & *Freret*, croient que ces

lettres font fuppofées. On trouve pourtant dans ces lettres des traits qui conviennent parfaitement à l'un ou l'autre
perfonnage : « Je n'offenfe ni les Dieux
» ni les hommes, fait-on dire à *Pifif-*
» *trate* : j'ordonne au contraire l'obfer-
» vation des réglemens que vous avez
» prefcrit aux citoyens d'Athènes ; &
» j'ofe dire qu'on les exécute fous mon
» gouvernement avec beaucoup plus
» d'exactitude que fi l'état étoit repu-
» blicain. Je ne permets pas qu'on faffe
» tort à perfonne, & quoique prince,
» je ne jouis d'aucun privilége au-def-
» fus des autres .... Détrompez-vous,
» fi vous croyez que je vous en veuille
» pour avoir décélé mes deffeins....
» Revenez en toute fûreté, & fiez-
» vous à la fimple parole que je vous
» donne, que SOLON n'a rien à crain-
» dre de *Pififtrate*, puifque vous favez
» que je n'ai pas même fait de mal à
» aucun de mes ennemis. Enfin fi vous
» voulez être du nombre de mes amis,
» vous ferez un de ceux que je diftin-
» guerai le plus, fachant votre éloi-
» gnement pour la fraude & la perfi-
» die. Cependant fi vous ne pou-
» vez vous réfoudre à revenir demeu-

» rer à Athènes, vous ferez ce que
» vous voudrez, pourvu qu'il ne soit
» pas dit que vous avez quitté votre
» patrie par rapport à moi seul ».

Voilà un extrait de la lettre qu'on
suppose avoir été écrite à SOLON par
Pisistrate, ou qu'il a écrite réellement ; & voici la réponse réelle ou
supposée, que ce grand homme fit à
Pisistrate.

» Je crois facilement que je n'ai pas de
» mal à craindre de votre part. J'étois
» votre ami avant que vous fussiez deve-
» nu tyran ; & je ne suis pas plus votre
» ennemi à présent, que tout autre Athé-
» nien qui hait la tyrannie. Si Athènes
» se trouve mieux de n'avoir qu'un
» maître, que de dépendre de plusieurs,
» c'est une question que je laisse à cha-
» cun la liberté de décider ; & je con-
» viens même qu'entre ceux qui se
» rendent despotiques, vous êtes le
» meilleur ; mais je ne vois pas qu'il
» me soit avantageux de retourner à
» Athènes : je donnerois lieu par - là
» de blâmer ma conduite, puisqu'il
» sembleroit qu'après avoir mis le ti-
» mon de la république entre les mains
» du peuple, & avoir refusé l'offre

» qu'on me fit du gouvernement, j'ap-
» prouverois votre entreprise par mon
» retour ».

Si ces lettres ne font pas vraies, il
faut convenir qu'elles font bien vrai-
femblables. La réponfe de SOLON
peint bien fa façon de penfer & fon
caractère; & fi, contre l'opinion de *Plutarque*, ce Sage fortit d'Athènes, comme on ne peut en douter, il n'y a
rien de plus naturel que *Pififtrate*, par
un trait de politique, ait écrit à SO-
LON de revenir dans fa patrie, & que
celui-ci, par un trait de fageffe & d'a-
mour patriotique, ait perfifté à s'en
tenir éloigné.

Quoi qu'il en foit de cette proba-
bilité, il eft certain qu'en fortant d'A-
thènes notre Philofophe alla en Chypre, & fe rendit de là à la cour de
Créfus, roi de Lydie : car on ne peut
nier qu'il ait été dans cette cour ; &
M. *Freret* a prefque démontré qu'il devoit être extrêmement vieux quand il
fit ce voyage. Les paroles de ce Savant font très-remarquables, & trop
effentielles à l'hiftoire de notre Philofophe pour ne pas les citer ici.

» Si l'on veut conferver, dit M.

» *Freret*, l'entrevue de *Solon* & de
» *Créfus*, il faudra fuppofer qu'ayant
» quitté Athènes la première année de
» la tyrannie de *Pififtrate*, il alla d'a-
» bord à Sardis, & qu'après avoir re-
» connu le peu d'agrément que trou-
» veroit un homme de fon âge à la
» cour d'un prince enivré de fa puif-
» fance, & corrompu par les difcours
» de fes flateurs, il fe retira dans l'ifle
» de Chypre, pour finir fes jours dans
» la ville de Soli qu'il avoit fondée (*a*).»

SOLON alla donc voir *Créfus*, qui
l'en avoit prié. Ce prince le reçut avec
toute la pompe & la majefté du plus
riche monarque de l'Univers. Son ha-
bit étoit d'un très-beau drap de diver-
fes couleurs, rehauffé d'or, travaillé
avec un art proportionné à la richeffe
de la matière, & où les pierres les plus
précieufes étoient femées avec profu-
fion. Il fe flatoit d'éblouir SOLON par
cette magnificence ; mais ce Sage ne
donna aucune marque d'émotion, &
ne dit rien qui fentît la furprife ou l'admiration : au contraire il fit connoître

______

(*a*) *Mémoires de l'Académie Royale des Infcrip-
ptions*, tom V, pag. 277.

aux perfonnes intelligentes, qu'il méprifoit cette vanité comme une fineffe
ou petiteffe d'efprit.

Créfus ordonna qu'on lui fît voir fes
appartemens, qui étoient décorés avec
une fomptuofité extrême. Les richeffes les plus précieufes y étoient pro-
diguées avec un éclat éblouiffant. Notre Philofophe ne fut cependant pas
plus ému de toutes ces belles chofes ,
qu'il l'avoit été des fuperbes habits du
roi. Revenu auprès de lui, *Créfus* lui
demanda s'il avoit jamais vu d'homme
plus heureux que lui ; & SOLON lui
répondit que fon bonneur n'approchoit pas de celui d'un Athénien nommé *Tellus*, qui mourut en combat-
tant glorieufement pour fa patrie. Le
roi de Lydie fut fort étonné de ce que
notre Sage ne faifoit point confifter
le bonheur dans l'abondance de l'or
& de l'argent , & de ce qu'il lui pré-
féroit la vie & la mort d'un homme
du peuple. Diffimulant fa furprife , il
lui demanda encore fi après ce *Tellus*
il avoit connu un autre homme dont
le bonheur fût égal au fien ; & SOLON
lui répondit qu'il avoit connu deux
frères jumeaux appellés *Cléotis & Biton*,

plus heureux que lui, parce qu'ils
étoient un parfait modèle d'amitié,
qu'ils s'étoient acquis une gloire éternelle, en traînant le char de leur mère
au temple de Junon, & qu'ils avoient
terminé leur vie par une mort douce
& tranquille après cette belle action.
Eh ! quoi, reprit *Crésus* déja trans-
porté de colère, tu ne me compteras
donc point parmi les heureux? Notre
Philosophe, qui ne vouloit ni le flatter
ni l'aigrir davantage, lui adressa ce
beau discours, que *Plutarque* nous a
conservé, & qui ne sauroit être trop
connu :

*Roi de Lydie, Dieu nous a donné à
nous autres Grecs toutes choses dans la médiocrité ; sur-tout il nous a fait présent
d'une sagesse ferme, mais simple & populaire, qui n'a rien de royal ni d'éclatant,
& qui, connoissant que la vie des hommes
éprouve un nombre infini de vicissitudes &
changemens, ne nous permet ni de nous
glorifier des biens dont nous jouissons nous-
mêmes, ni d'admirer dans les autres une
félicité qui ne peut être que passagère &
n'avoir rien de réel ; car l'avenir est pour
chaque homme un tissu d'accidens tout divers, qui ne peuvent être que prévus. Ce-*

lui-là nous paroît seul heureux, de qui Dieu à continué la félicité jusqu'au dernier moment de sa vie ; mais pour celui qui vit encore, & qui flote au milieu des écueils sur cette mer orageuse, son bonheur nous paroît être aussi incertain & aussi mal assuré que la couronne, pour celui qui combat encore, & qui n'a pas encore vaincu.

SOLON se retira après avoir prononcé ces paroles, qui affligèrent beaucoup *Crésus* sans le corriger. *Esope*, le fabuliste, étoit alors à la cour de ce roi, qui l'y avoit appellé, & qui le traitoit très-favorablement. Il fut fâché de la manière dont notre Philosophe s'étoit comporté envers ce prince, & lui dit, par forme d'avis : « SOLON, il faut ou n'approcher point » du tout des rois, ou ne leur dire » que des choses qui leur soient agréa- » bles ». *Dis plutôt, répondit* SOLON, *qu'il faut ou ne les point approcher, ou ne leur dire que des choses qui leur soient utiles.*

Cette réponse me paroît belle & sans réplique. Néanmoins le savant M. *Freret* prétend que la conversation de SOLON avec *Crésus* ne fait point d'honneur au Philoso-

phe. « On y voit, dit-il, un grand Prin-
» ce qui s'attache à faire tous les hon-
» neurs imaginables à un simple *Bour-*
» *geois* Athénien ; tandis que celui-ci,
» loin de chercher l'occasion de s'in-
» sinuer dans son esprit pour lui donner
» des conseils utiles à sa gloire &
» aux bonheurs de ses peuples, se con-
» tente de l'irriter sans l'instruire *(a)* »

Ainsi parle M. *Freret* sur cette conversation ; mais a t-il raison de blâmer
SOLON ? Premièrement le Philosophe
n'étoit point un *Bourgeois* Athénien.
Suivant les plus respectables historiens
de l'Antiquité, il descendoit des rois
de Pilos, & sa mère étoit cousine-ger-
maine de *Pisistrate*, roi actuel d'Athènes. Outre cela il avoit occupé la première place de la république : il en
étoit le législateur & le père : il en
avoit refusé la royauté ; étoit-ce là
un simple *Bourgeois* d'Athènes? Peut-on
dire que le Statouder de Hollande soit
un simple *Bourgeois* d'Amsterdam ? que
le Doge de Gênes soit un *Bourgeois* de
cette ville? Quand même SOLON n'au-

(a) *Mémoires de l'Académie Royale des Inscrip-*
tions, tom. V , p. 278.

roit point gouverné Athènes , & qu'il auroit vécu comme un simple particulier , en étoit-il moins de la famille royale de Pilos , & parent du roi, ou tyran *Pisistrate* ?

M. *Freret* vouloit que notre Sage cherchât l'occasion de s'insinuer dans l'esprit de *Crésus*. Pourquoi ? quel intérêt SOLON avoit-il de gagner les bonnes graces de ce roi ? *Crésus* le prie de le venir voir. SOLON se rend à cette invitation. Le roi de Lydie lui demande ce qu'il pense sur le bonheur , & le philosophe lui dit son sentiment. Qu'y a-t-il là de blâmable ? Dabord SOLON pouvoit parler à *Crésus* comme d'égal à égal , à cause de sa naissance & de la place qu'il avoit occupée à Athènes. En second lieu il devoit lui parler en supérieur, à cause de son grand âge & de cette haute considération que ses lumières , sa sagesse & sa grandeur d'ame lui avoient acquis dans tout l'Univers. Qu'étoit-ce qu'un roi efféminé & voluptueux tel que *Crésus* , auprès d'un Sage respectable par sa vieillesse , & qui avoit méprisé & le faste du trône, & foulé aux pieds tout le luxe dont il est en-

vironné ? D'ailleurs le discours de So-
LON étoit si beau, qu'il auroit dû faire
ouvrir les yeux à *Créfus*, si ce roi eût
été moins frivole & plus estimable.
Aussi toutes ses richesses, son faste,
sa vie molle & luxurieuse le mirent à
deux doigts de sa perte. Ayant eu une
querelle avec *Cyrus*, il fut battu, pris,
lié & garoté, & traîné sur un bucher
où il alloit être brûlé, au milieu des
Perses, & à la vue de *Cyrus* même. Il
se souvint alors des avis de SOLON,
& se mit à crier par trois fois de toutes ses forces, SOLON ! *Cyrus* étonné
de cette espèce d'invocation, lui envoya demander si c'étoit un homme
ou un Dieu qu'il réclamoit dans son
malheur. C'est, répondit le malheureux roi de Lydie, un Sage de la
Grèce qui m'avoit donné de bons avis,
dont je n'ai pas su profiter, & qui a
prédit mon infortune. On rapporta
cette réponse à *Cyrus*, qui en fut si
touché, qu'il délivra son ennemi &
l'honora pendant toute sa vie.

SOLON ne survécut que deux ans à
l'usurpation de la royauté par *Pisistrate*,
& par conséquent mourut peu de tems
après son entrevue avec *Créfus*, s'il

est vrai, comme on l'a assez bien prouvé, que ce *Philosophe* se rendit à la
cour de ce roi après cette usurpation.
On ne sait point dans quel lieu il mourut : seulement on est certain qu'il
avoit quatre-vingts ans.

On prétend qu'il recommanda, en
mourant, qu'on brulât son corps selon
l'usage ordinaire, & qu'on répandît
ses cendres dans l'isle de Salamine;
mais *Plutarque* veut que ce soit là un
conte incroyable, à cause de sa *trop
grande absurdité*. Il ne dit point en quoi
cette absurdité consiste; & il convient
que plusieurs Ecrivains *considérables*,
& *Aristote* même, l'ont rapportée.

SOLON s'étoit marié ; mais aucun
de ses historiens n'a parlé ni de son
mariage, ni de la personne qu'il avoit
épousée;& on ignoreroit peut-être cette particularité de la vie de ce Sage, si
l'entretien qu'il eut avec *Thalès*, l'un
des sept Sages de la Grèce, ne nous l'eût
apprise.

SOLON étant allé à Milet pour voir
Thalès, la première chose qu'il lui
dit, ce fut qu'il s'étonnoit de ce qu'il
n'avoit jamais voulu avoir ni femme ni enfans. *Thalès* ne lui répondit

rien ; mais il pria un étranger de venir donner à notre Sage des nouvelles d'Athènes, & de lui annoncer la
mort de son fils. Celui-ci s'acquitta
fort bien de sa commission. Il vint
trouver SOLON chez *Thalès*, & lui dit
dans la conversation qu'il arrivoit d'A-
thènes, d'où il étoit parti depuis dix
jours. Notre Philosophe lui demanda
s'il n'y avoit rien de nouveau lorsqu'il
étoit parti. L'étranger, qui savoit
fort bien sa leçon, lui dit qu'il n'y
avoit autre chose que la mort d'un
jeune homme, qu'on disoit être le fils
de quelque grand personnage, & du
plus honnête homme de la ville, lequel étoit absent depuis quelque tems.
Ah ! que ce pauvre père est malheureux,
reprit SOLON ; mais comment l'appel-
le-t-on ? Je l'ai ouï nommé fort souvent,
répliqua l'étranger, mais son nom
m'est échappé. La crainte de SOLON
redoublant, il lui demanda si ce jeune
homme n'étoit pas le fils de SOLON,
& l'étranger lui ayant dit qu'oui, notre
Philosophe se livra au désespoir. Alors
Thalès le prit par la main & lui dit,
ce qui m'a empêché de me marier &

d'avoir des enfans, c'est justement ce qui t'arrive : cependant console-toi, il n'y a rien de vrai dans tout ce que tu viens d'entendre.

Ce fut là la raison que *Thalès* donna à notre Sage de son éloignement pour le mariage : raison mauvaise sans doute ; car c'est manquer d'esprit, comme le dit fort bien *Plutarque*, que de renoncer à la possession des choses nécessaires, par la seule crainte de les perdre un jour.

Notre Philosophe avoit des maximes de morale, qui sont tres-belles, & qui seront utiles dans tous les tems ; les voici :

I. Honorez les Dieux & respectez vos parens.

II. Que la raison soit votre flambeau & votre guide.

III. Gardez vous de mentir.

IV. Croyez que la probité est plus fidèle que les sermens.

V. Ne faites point d'amis légèrement, & conservez ceux que vous avez faits.

VI. Ne faites point le roi si vous n'avez appris à le faire.

VII. Ne briguez point de gouvernement, qu'auparavant vous n'ayez appris à obéir.

VIII. Ne conseillez point ce qui est
le plus agréable, mais ce qui est le
meilleur.

IX. Evitez les mauvaises compa-
gnies.

X. Méditez des sujets dignes d'application.

XI. Si vous êtes prudent, vous ob-
serverez les hommes de près, de crainte
qu'ils ne vous cachent ce qu'ils ont
dans l'ame.

XII. Souvenez-vous que la haine se dé-
guise sous un visage riant, & que la langue s'exprime souvent sur un ton d'ami,
pendant que le cœur est plein de fiel.

Outre ces sentences dont Solon faisoit usage dans la conduite de
la vie, il y en avoit une générale,
qu'il répétoit souvent ; c'étoit *rien de
trop.* Cependant ayant perdu son fils,
il s'abandonna à la douleur : un de ses
amis voulut le consoler, & lui dit que
ses regrets étoient inutiles ; *c'est préci-
sément le sujet de mes larmes,* répondit
Solon.

C'étoit-là un foiblesse bien pardon-

nable à un homme senfible & délicat.
M. *Freret* lui en donne d'autres bien
plus répréhenfibles. Il prétend que ce
Sage « n'étoit rien moins qu'un Philo-
» fophe auftère ; que fa vie molle, fon
» exceffive dépenfe, & la grande licence
» de fes poëmes, où il parle de volup-
» tés d'une manière peu digne d'un Phi-
» lofophe, avoient befoin d'apolo-
» gie » (a). Mais c'eft une fimple prétention qui n'eft gueres appuyée fur
l'hiftoire. On ne trouve ni dans *Diogène de Laerce*, ni dans *Plutarque*,
ni dans les remarques de M. *Dacier* fur
la vie de SOLON, ni dans aucun
hiftorien de la philofophie, que ce Philofophe ait vécu, comme M. *Freret* le
dit. On voit bien que ce Savant prend
toujours SOLON pour un *fimple Bourgeois* d'Athènes, ainfi qu'on l'a vu ci-
devant, & il trouve peut-être ridicule
que fon train fût à Athènes le train
d'un grand feigneur, du premier magif-
trat de la république. C'eft une erreur
de fa part qui découle conféquemment
de la première.

____

(a) *Mémoires de l'Académie Royale des Infcrip
tions*, tom. V, p. 279.

A l'égard de ses poésies, il est vrai qu'on dit qu'il y soutient que Venus, Bacchus & les Muses sont les seules sources des plaisirs des hommes : ce qui, dépouillé du style poétique, signifie littéralement qu'il n'y a que deux sortes de plaisirs, les plaisirs de l'esprit (ceux des Muses) & les plaisirs des sens ; & M. *Freret* juge cela très-blâmable. Il auroit bien mieux fait de nous dire quels sont les autres plaisirs que SOLON devoit exhalter ; car jusqu'ici nous n'en connoissons pas d'autres.

Enfin le Savant auquel je réponds, dit que les mœurs de SOLON répondoient à ses maximes ; & cela est avancé fort légèrement. On vient de lire la vie de ce Philosophe , & on peut juger s'il mérite le blâme dont M. *Freret* veut tacher sa mémoire. Achevons cette vie par un trait très-véritable , & qui comble son éloge ; c'est qu'on lui érigea après sa mort une statue au pied de laquelle on mit cette inscription :

Salamine fit repousser les Mèdes transportés d'une vaine fureur. Mais ce rayon de gloire ne fut rien , au prix de celle qu'elle a eue d'avoir donné le jour à So-LON , que ses loix rendent dignes de vénération.

CHILON

CHILON. *

CE n'étoit point assez pour rendre les hommes heureux de leur donner des loix; il falloit encore leur faire connoître les avantages de ces loix, si on vouloit qu'elles eussent leur effet. C'est aussi à quoi travaillèrent les Philosophes contemporains de *Solon*, ou qui lui succédèrent. Ils estimèrent que la loi est une plante qui ne prend racine que dans un esprit préparé par la science & par la vertu. La Science éclaire l'esprit, & la vertu forme le cœur: deux choses absolument nécessaires pour l'exécution des loix, & par conséquent pour le bonheur du genre humain.

Les sept Sages de la Grèce, c'est-à-dire les premiers Philosophes du monde, s'attachèrent sur-tout à la morale,

---

* *Herodot.* l. I, *Plin. Histor. Natur.* l. I. *Aulu-Gelli nœtis Atticœ*, l. 1. *Stanlei Historia Philosophiœ*, pag. 62. *Jac. Brukeri, Histor. critica Philosophiœ*, tom. I.

parce qu'ils pensèrent qu'on devoit
purifier l'ame avant de l'éclairer. Chilon, l'un d'eux, cultiva cette partie
des connoissances humaines, & joignit
à la théorie une pratique encore plus
efficace que ses leçons & ses préceptes.

Il naquit à Lacédémone vers l'an
640, ou 50 ans avant J. C. Son père
s'appelloit *Damagete* : on ne sait pas
quel étoit son état ; mais on doit présu-
mer que c'étoit un homme considérable,
puisque ses enfans occupèrent les premières dignités de la république. Son fils
aîné fut nommé Ephore ; c'est-à-dire,
inspecteur ou contrôleur de la conduite des rois. On ne pouvoit assurément
monter à un plus haut rang à Lacédémone. Il y avoit cinq Ephores dans
la promotion que l'on fit du frère de
Chilon. On se flattoit que notre
Philosophe y seroit compris : il fut cependant oublié. Tous ses amis s'éton-
nèrent de ce qu'il n'étoit point sensible à cet oubli. Son frère lui fit même
une querelle sur son indifférence. Pourquoi, lui dit-il, ne vous plaignez-vous
pas ? *C'est*, répondit Chilon, *que
je sais endurer une injure, & que vous ne
le savez point.*

Il

Il avoit une autre ambition qui le
flattoit davantage. Il vouloit être utile
à tous les hommes, en les inftruifant :
projet plus grand, fans doute, que
celui de les gouverner. Dans cette vue,
il mit en vers les plus beaux préceptes de morale ; c'étoit la forme de
l'inftruction du temps. Cette poéfie
n'eft pas parvenue jufqu'à nous. Nous
favons feulement qu'il compofa des
Elégies, d'environ deux cens vers. Une
maxime générale qu'il préconifoit fur-
tout dans fes vers, eft que *la pré-
voyance de l'avenir, en tant qu'il peut
être l'objet de la raifon, eft ce qui diftingue le plus l'homme.* Cela fignifie que
la fcience propre de l'homme confifte à favoir prévoir les événemens.
C'eft l'ouvrage de la raifon, qui d'une
vérité connue, fait déduire une vérité
qu'elle ne connoît pas, & qui découle de la première.

Ces productions & fa fageffe lui
procurèrent une grande réputation.
On conçut pour lui une fi haute eftime,
qu'une place d'Ephore étant venue à
vaquer, on la lui donna, comme à
l'homme de Lacédémone le plus capable de la remplir. Notre Sage fe con-

sacra dès - lors tout entier au salut de la république, & il se dépouilla de l'intérêt qu'il prenoit à ses proches & à ses amis. Il fit assembler ses parens, & leur déclara que désormais il ne les distingueroit plus des autres citoyens.

Il observa soigneusement, suivant sa charge, la conduite des rois de Lacédémone (ou Sparte) & mit un frein à leurs déportemens. Mais le trait peut-être le plus glorieux de ses fonctions, est celui de son ambassade vers les Corinthiens. Le sujet de cette ambassade étoit d'engager les Corinthiens à faire société avec les Spartiates. En arrivant, il trouva les magistrats de cette ville au jeu : son étonnement fut extrême, parce qu'il ne croyoit pas que des hommes, à qui on confie la fortune & la vie des citoyens, dussent s'occuper de choses frivoles. Aussi ne jugea-t-il pas à propos de leur parler du sujet de son ambassade, & retourna sur le champ dans sa patrie. Une république aussi sage que Lacédémone, ne doit point faire alliance, dit il, avec des joueurs : c'est ce qu'il fit entendre à ses concitoyens à son retour.

Son zèle pour le bien public étoit
si grand, que quoiqu'il regardât le mariage comme une prison, il voulut cependant avoir des enfans, qui fussent
utiles à la patrie. Il se maria & eut
un fils, qui ne fut pas moins illustre
dans les armes, que son père l'étoit
dans la Philosophie.

CHILON étoit l'oracle de son pays.
On le consultoit sans-cesse sur les
choses qu'on estimoit les plus difficiles, ou qu'on jugeoit les plus nécessaires pour la conduite de la vie. On
lui demanda un jour ce qu'il y avoit de
plus difficile : il répondit : *de taire un*
secret, de bien employer son tems & de sup-
porter les injures. Une autre fois on lui
fit cette question : Quelle différence y
a-t-il entre un savant & un ignorant?
Celle, répondit CHILON, *que donnent*
les bonnes espérances. Cela n'est pas
clair. Ce Sage veut-il dire par-là
que le savant a plus d'espoir que
l'ignorant, parce qu'il a ou plus de
ressource dans l'esprit pour se préparer
aux événemens, ou qu'il compte disposer ces événemens en sa faveur par
son savoir & sa sagesse ? du moins on

ne voit pas qu'on puisse expliquer cette réponse autrement.

Ce qu'il y a de certain, c'est que CHILON faisoit grand cas de l'art de conjecturer, & il réussissoit assez bien dans cet art. On parloit un jour de l'isle de Cythère, qui appartenoit aux Lacédémoniens, de sa nature & de sa situation. Sur l'exposé qu'on lui fit de l'une & de l'autre, il prévit que cette isle seroit une source de malheurs. *Plût aux Dieux*, s'écria-t-il, *que cette isle n'eût jamais existé, ou qu'elle eût été engloutie par des vagues au moment de sa formation!* L'événement justifia la justesse de cette réflexion ; car peu de temps après *Nicias* y défit les Lacédémoniens, & y mit une garnison d'Athéniens.

Une prédiction encore plus surprenante, parce qu'on ne voit pas sur quoi elle est fondée, c'est celle qu'il fit au sujet du mariage d'*Hypocrate*, qui étoit un Grand d'Athênes. Cet homme faisoit un sacrifice aux Dieux. Il avoit à cet effet des chaudières pleines d'eau. Tout d'un coup, par une espèce de miracle, l'eau commença à bouillir avec

tant d'impétuosité, qu'elle répandit
par-dessus les bords. Il n'y avoit cependant point de feu, ni sous les
chaudières, ni autour. Tous les spec-
tateurs furent étonnés de ce prodige,
qui pouvoit fort bien être une chose
naturelle, si on avoit jetté quelque
corps dans l'eau propre à produire
une ébullition. CHILON, sans s'en
émouvoir, dit à *Hypocrate*, que c'é-
toit un avis à lui de vivre dans le célibat, ou s'il se marioit de répudier sa
femme au plutôt, & d'en égorger les
enfans. Cet Athénien ne fit aucune attention à cet avis. Il se maria, & le
premier enfant qu'il eut fut *Pisistrate*,
tyran des Athéniens.

Assurément cette prédiction n'avoit
aucun rapport avec l'eau des chaudières qui bouilloit sans feu; mais CHI-
LON qui savoit sans doute combien
Hypocrate étoit peu propre à élever des
enfans, avoit saisi cette chose merveilleuse (dont il étoit peut-être l'auteur) pour l'empêcher de se marier.

La vie de ce Sage fut douce & tranquille. Sa morale avoit pour but de connoître les hommes & de vivre avec eux.
Elle étoit renfermée dans ces maximes.

I. Parlez peu & sur-tout dans un repas.

II. Abstenez vous de parler mal de qui que ce soit, si vous voulez n'entendre que des choses obligeantes.

III. Laissez aux femmes les menaces, & par conséquent ne les employez jamais.

IV. Défiez-vous de vous même.

V. Ne parlez point avant de penser.

VI. Ne vous laissez jamais emporter par la colère.

VII. Ne desirez pas des choses impossibles.

VIII. N'ambitionnez point de faire un grand mariage.

IX. Allez voir vos amis plus promptement quand ils sont dans la mauvaise fortune, que quand ils sont dans la bonne.

X. Respectez la vieillesse.

XI. Exposez vous plutôt à souffrir du dommage, qu'à avoir du profit avec deshonneur; car l'un n'est un malheur que pour un tems, au lieu que l'autre est une tache pour toute la vie.

XII. N'insultez point aux malheurs d'autrui.

XIII. Soyez doux & indulgent, afin qu'on ait pour vous plus de respect que de crainte.

XIV. Sachez gouverner votre maison.

XV. Ne marchez point avec précipitation, & souvenez-vous que c'est une marque de peu d'esprit que de gesticuler des mains en parlant.

XVI. Obéissez aux loix.

XVII. Aimez la solitude.

XVIII. Respectez la cendre des morts.

XXI. Connoissez vous vous-même.

XX. Ne faites rien qu'avec modération.

XXI. Enfin sachez que les dettes entrainent les procès, & que les procès sont accompagnés de toutes sortes de misères. Par cette raison ne répondez pour personne; car celui qui se fait caution, n'est pas loin de se causer du dommage.

Pline, le naturaliste, dit que ces trois dernieres maximes furent si estimées, qu'on les écrivit en lettres d'or dans le temple d'Appollon. Et *Ausone* prétend que CHILON recommandoit encore de vivre comme si on devoit mourir, afin de ne pas oublier qu'il y a une vie éternelle; de se mettre au-deſſus des malheurs , ſoit par la force d'eſprit, ou par le conſeil de ſes amis ; de ſe ſouvenir des belles actions que l'on a faites , & de ne jamais oublier les bienfaits. CHILON voulut encore (ſi l'on en croit cet auteur) que la vieilleſſe reſſemblât à la jeuneſſe , afin de ſe rendre plus agréable , & que la jeuneſſe eût la gravité de la vieilleſſe , afin d'être plus reſpectable.

Mais une belle penſée de ce Philoſophe , que *Diogene de Laerce* met au-deſſus de toutes les autres , c'eſt celle-ci : Comme les pierres de touche ſervent à éprouver l'or & à en faire connoître la bonté ; de même l'or répandu parmi les hommes fait connoître le caractére des bons & des méchans.

CHILON pratiqua cette morale avec tant d'exactitude , que dans ſa vieilleſſe il ſe réjouiſſoit de ce qu'il ne s'en étoit point écarté. Le ſeul reproche qu'il avoit à ſe faire , c'étoit d'avoir ſauvé un coupable lorſqu'il étoit Ephore. Il eſt vrai que cet homme étoit de ſes amis ; encore le moyen qu'il employa pour cela , ſemble le mettre à couvert de reproche. Il jugea dabord le coupable ſelon la loi ; mais il lui con-

feilla d'appeller de fon jugement, &
engagea même fes confrères à l'ab-
foudre. Il favorifa ainfi fon ami en
obfervant la loi ; c'eft-à-dire qu'il
fauva à la fois fon honneur & la vie
de fon ami. Notre Philofophe ne l'en
jugea pas moins blâmable. A la rigueur
il eft certain qu'on ne doit pas pren-
re les armes contre fa patrie en faveur de fon ami ; * & c'eft les prendre
véritablement que de fauver un coupable quel qu'il foit, qui a mérité la
mort. Auffi CHILON fe fit à cet égard
bonne juftice, & à fon tour la pofté-
rité la lui a bien faite fur la délicateffe
de fa confcience.

Ce Sage rendoit avec ufure les bienfaits qu'il recevoit ; & fa reconnoiffance fut toujours égale à fon extrême
fenfibilité. Il évitoit la compagnie des
méchans, comme on fuit la pefte ;
& il étoit fort réfervé dans fes connoiffances. Avant que d'aller au banquet des fept Sages, il s'informa de ceux
qui devoient s'y trouver. On eft obligé,
dit-il, de fouffrir dans un vaiffeau un
compagnon fâcheux ; mais c'eft man-

---

* *Contrà patriam,* dit Cicéron, *arma pro amico*
fumenda non funt.

que de difcrétion & de prudence, que de fe mêler dans un feſtin avec toutes fortes de perſonnes.

Il parloit fi agréablement, & s'exprimoit en fi peu de paroles, que pour bien parler, il falloit parler à la Chiloniène, fuivant l'expreſſion d'*Ariſtagore*.

Il n'avoit qu'un fils qu'il aimoit très-tendrement. C'étoit un enfant bien digne de fa tendreſſe, par l'eſtime univerſelle qu'il s'étoit acquiſe. Le moindre de fes fuccès lui faiſoit une vive impreſſion. Ce cher enfant remporta le prix du ceſte aux jeux olympiques. Il vint embraſſer fon père après ce glorieux exploit. CHILON fut fi faifi par l'excès de fa joie, qu'il mourut dans les bras de fon fils. Il avoit 70 ans, & quoique ce ne fût pas là une vieilleſſe extrème, il étoit très-foible, comme on en put juger par l'effet de fon faififfement.

On lui rendit avec pompe les derniers devoirs. On lui érigea une ſtatue, au bas de laquelle on mit cette inſcription. *La victorieuſe Sparte donna le jour à* CHILON, *qui fut le premier d'entre les ſept Sages de la Grèce.*

CHILON

PITTACUS. *

A L'exemple de *Chilon*, le Sage qui
va nous occuper cultiva la morale. Il
étoit contemporain de ce Philofophe,
& comme lui un des fept Sages de la
Grèce. Il naquit à Mythylène, ville
célèbre de Lesbos. Il s'appelloit PIT-
TACUS, quoique le nom de fon père
fût *Hirradius*. Cet homme étoit origi-
naire de Thrace : on ne fait ni ce qu'il
étoit, ni ce qu'il faifoit. Son fils prit
d'abord le parti des armes, & s'étant
joint au frère d'*Alcée*, il défit les troupes de *Mélanchre*, tyran de Lesbos, &
le tua.

Il rendit par-là un grand fervice à
fes compatriotes, qui gémiffoient depuis long-tems fous l'oppreffion tyran-
nique de ce prince. Auffi en furent-ils
fi reconnoiffans, qu'ils lui confièrent la
conduite d'une armée deftinée à faire

* *Diogène de Laerce*, t. 1. *Thoma Stanleii*, *Hifto-
ria Philofophiæ*, pag. 65 & fuiv. *Jacob. Brukeri*,
Hifforia critica Philofophiæ, tom. I.

E 6

la guerre aux Athéniens, qui lui disputoient la possession du territoire d'Achille.

Les Athéniens opposoient à cette armée assez de troupes pour balancer la victoire. La bataille devoit être sanglante. Pour épargner le sang & terminer le différend qu'il y avoit entre les Mythyléniens & les Athéniens d'une manière plus prompte, & moins meurtrière, PITTACUS proposa au chef des Athéniens, nommé *Phrignon*, de le décider eux-mêmes dans un combat singulier; de sorte que s'il étoit vaincu, ses concitoyens lui céderoient le champ, qui faisoit le sujet de la guerre; & au contraire le champ leur appartiendroit, s'il en sortoit victorieux.

Phrignon étoit un homme fort & vigoureux : il passoit pour un des plus braves champions de son tems. Il avoit remporté le prix du Pancrace aux jeux olympiques. C'étoit un combat dans lequel entroit la lutte simple & la lutte composée. Cela le rendoit fier & avantageux. Il se croyoit invulnérable, & il regarda presque avec mépris la proposition de notre Philosophe. Mais celui-ci lui fit voir que quoiqu'il n'eût

pas été couronné aux jeux olympiques,
il en favoit encore plus que lui. Il cacha un filet fous fon bouclier, & étant
venu aux prifes, il enveloppa fi bien
fon ennemi dans fon filet, qu'il le tua
facilement. Il fe rendit enfuite maître
du champ, & s'acquit par-là une gloire
qui lui mérita la plus haute eftime de
fes compatriotes.

Les Mythyléniens perfuadés que
leur reconnoiffance ne devoit avoir ni
bornes ni mefures, le mirent à la tête
de leur république, dont ils lui confièrent le gouvernement. Il s'acquitta
de ce grand emploi avec une fageffe
qu'on n'auroit pas dû attendre naturellement d'un grand militaire & d'un
gladiateur. Ce fut même ici l'époque
de fon dévouement à la Philofophie.
Il fit des loix qui furent applaudies de
tout le monde. De ces loix il n'eft parvenu jufqu'à nous que celle qu'il a
donnée contre les ivrognes.

Avant lui on pardonnoit à un homme ivre tout ce qu'il faifoit dans la
chaleur du vin. Cette indulgence pro-
duifoit deux maux à la fois : elle au-
torifoit l'ivrognerie, & elle laiffoit fub-
fifter des dommages qui étoient préju-

diciables au bien public. PITTACUS
réforma donc cette loi, & condamna
ceux qui en cet état feroient quelqu'ex-
travagance, à payer au double le
dommage qu'ils auroient caufé.

Il blâma auffi le célibat ; & comme
il étoit dans le cas que le blâme re-
tombât fur lui même, il fe maria avec
la fœur d'un grand nommé *Dracon.*
Il en eut un fils qu'il nomma *Tyrrhée.*
Ce fut un enfant chéri qui promettoit
beaucoup, & qui périt miférablement.

Pyrrhée, fe trouvant à Cumes, entra dans la boutique d'un barbier ; un
forgeron en paffant y jetta une hache,
on ne fait point à quel deffein : mais
cette hache frappa le jeune *Tyrrhée* &
le tua. Les Cuméens fe faifirent de l'ho-
micide & l'envoyèrent garroté à PIT-
TACUS. Notre Philofophe, quoique
faifi de la plus vive douleur, fe fit
rendre compte de la manière dont la
chofe s'étoit paffée : fur le récit qu'on
lui en fit, il donna la liberté au forgeron, en difant, qu'il valoit mieux
être clément que févére.

Peu de tems après on lui amena un
homme qui avoit vomi contre lui
toutes fortes d'injures ; & il le renvoya.

On fut étonné de fa douceur : on lui en fit même des reproches ; mais il répondit : *Je préférerai toujours le pardon à la vengeance.*

Tous ces actes d'humanité & de bienfaifance rendoient fon gouvernement fort doux. Chacun fe félicitoit de vivre fous fes loix. Il le favoit, & il n'étoit point infenfible à cette joie publique, & aux homages qu'elle lui procuroit. Cependant après avoir mis la république dans le meilleur ordre, il jugea à propos de fe démettre de fon autorité.

Ce fut l'envie de jouir de lui-même, d'achever fa vie avant de mourir, de n'avoir plus rien à faire que le voyage de l'autre monde, qui lui fit prendre ce parti. Il avoit reçu des Mythyléniens un champ confidérable, afin qu'il pût foutenir fa place avec dignité. Mais voulant vivre en fimple particulier, il jugea qu'il n'avoit plus befoin d'un fi grand bien : il en remit la moitié à la république : il voulut faire voir par-là qu'il ne méprifoit point la gratitude de fes concitoyens, & qu'il ne vouloit point exciter leur envie par un plus grand domaine. Libre déformais de tous soins, il ne cultiva plus que la Philosophie & la Poésie.

Il fit des Elégies composées de six cens vers, & un discours sur les loix, qu'il adressa à ses concitoyens. Il exposa dans ses ouvrages toute la doctrine de sa morale. Ce sont des maximes ou des préceptes, dont voici les plus importans.

I. Il est difficile de devenir vertueux & de l'être toujours.

II. La perfection coûte bien cher.

III. Les Dieux cèdent à la nécessité comme les hommes.

IV. Il n'y a de vraies victoires que celles qu'on remporte en épargnant le sang.

V. Ce qu'il y a de meilleur, c'est de se bien acquitter de ce qu'on a actuellement à faire.

VI. Rien n'est plus agréable que le temps, plus obscur que l'avenir, plus sûr que la terre, & moins sûr que la mer.

VII. La prudence doit faire prévoir les malheurs avant qu'ils arrivent, pour tâcher de les détourner ; & lorsqu'ils sont arrivés, le courage doit les faire supporter.

VIII. Il faut beaucoup d'art pour connoître les penfées d'un coquin; car fa bouche ne dit rien qui foit digne de foi, & fes paroles ont toujours un double fens.

IX. On ne doit jamais dire d'avance ce qu'on fe propofe de faire, afin de ne point s'expofer à être raillé, fi on ne réuffit pas.

X. Rendez un dépôt avec la même fidélité qu'on vous l'a donné.

XI. Il eft auffi bas de médire de fon ennemi que de fon ami même.

XII. Connoiffez le prix du rems. (C'étoit fon mot favori).

XIII. Pour favoir parler il faut favoir fe taire.

XIV. Obéiffez à la loi, quelle qu'elle puiffe être.

XV. Il n'y a que les fous qui portent envie aux perfonnes que la fortune favorife.

XVI. Regardez comme une bonne fortune les amis que vous avez.

XVII. Ne faites part de vos malheurs qu'à peu d'amis.

XVIII. Pratiquez la vertu; aimez la tempérance; refpectez la vérité & la probité: acquérez de l'expérience

& de la dextérité : ayez de l'humanité , & foyez exact dans tout ce
que vous faites.

La conduite de notre Philofophe fut
affez conforme à fes principes, & il s'acquit par là une grande réputation. Le
fameux *Créfus*, roi de Lydie, qui aimoit les fages & les richeffes, voulut
le connoître perfonnellement. Il lui
écrivit de venir le voir, & de par-
tager avec lui les grands biens dont
la fortune l'avoit comblé ; & pour
l'engager à faire le voyage, il lui envoya de l'argent.

D'abord PITTACUS refufa cet argent,
& par grandeur d'ame , & parce qu'il
n'en avoit pas befoin. Le bien qu'il s'é-
toit réfervé lui avoit paru fuffifant
pour vivre , & ce bien venoit d'être
encore confidérablement augmenté
par l'héritage de fon frère , qui étoit
mort fans enfans. Il répondit enfuite
à *Créfus*, que l'argent ne lui manquoit
point, & qu'il en avoit affez pour lui
& pour fes amis ; mais il lui promit
de l'aller voir.

Il n'eft point parlé de ce voyage
dans les mémoires de fa vie. Il faut
cependant qu'il l'ait fait , puifqu'on

rapporte que le roi de Lydie lui demanda un jour quel empire il regardoit comme le plus grand : à quoi PITTACUS répondit : *Celui que forment différentes tablettes de bois.* Il vouloit dire par-là celui qui étoit gouverné par de sages loix, parce que les loix étoient alors écrites sur des tablettes de bois. Car il disoit qu'on ne sauroit assez estimer un état où les méchans ne commandent point.

Diogène de Laerce rapporte, d'après le poëte *Callimaque*, que notre Sage étant fort vieux fut consulté par un jeune homme sur une chose qui me paroît si triviale, que je doute qu'on l'ait bien rendue, ou bien traduite. Voici le récit de *Diogène de Laerce.*

Un étranger d'Atarné vint voir PITTACUS pour le prier de lui dire comment il devoit se marier. « Mon » pere, lui dit-il, je puis épouser deux » filles ; l'une a une fortune assortie à » la mienne; l'autre me surpasse en biens » & en naissance, laquelle prendrai- » je » ?

Il semble que cette question n'est pas un problême. Si cet étranger n'aimoit pas plus une fille que l'autre, si

elles étoient également jolies ou aimables, à ses yeux, celle qui avoit
plus de biens devoit sans doute avoir
la préférence, abstraction faite de la
naissance ; & il n'y a qu'un sot qui
puisse balancer à cet égard. D'ailleurs,
pourquoi la fille qui avoit & plus de
biens & plus de naissance que l'étranger d'Atarné, vouloit-elle lui donner
la main ? Est-ce qu'elle étoit plus âgée
que lui, ou en étoit-elle amoureuse ?
Il auroit fallu le dire ; car sans cela on
ne comprend rien à cette question.

Afin de la rendre problématique,
le cœur auroit dû être de la partie.
Si le jeune homme, par exemple, eût
trouvé la fille égale à lui en biens &
en naissance, plus jeune & plus aimable
que l'autre, il est certain qu'il y auroit eu un choix à faire, parce qu'il
auroit été question de savoir s'il devoit
préférer les agrémens de la figure au
bien & à la naissance. C'étoient deux
avantages qui pouvoient se balancer,
& le conseil d'un Sage étoit nécessaire
alors pour se déterminer : autrement la
proposition est plate & ridicule.

Quoi qu'il en soit, PITTACUS au
lieu de répondre directement à la de-

mande de l'étranger, leva le bâton
dont il se servoit pour se soutenir,
& lui fit remarquer des enfans qui
jouoient avec des toupies. Ils vous ap-
prendront, lui dit-il, ce que vous de-
vez faire : allez, faites comme eux. Le
jeune homme s'étant donc approché
de ces enfans, entendit qu'ils se disoient l'un à l'autre, prends une tou-
pie égale à la tienne. Là-dessus com-
prenant l'avis de notre Philosophe, il
épousa la personne qui étoit la plus
assortie à son état.

PITTACUS étoit alors fort vieux, &
sur le bord du tombeau : il ne se mê-
loit plus depuis long-tems des affaires
de la république, & il menoit une
vie très-retirée. Cependant les Mythyléniens, sans avoir égard à ces consi-
dérations, le choisirent une seconde
fois pour commander l'armée qu'ils ve-
voient de lever. Lorsqu'on lui en
annonça la nouvelle, il s'écria : *O
Dieux ! qu'il est difficile de rester long-
tems honnête homme (quam difficile est
virum probum esse !)* Apparemment qu'il
avoit reconnu que la vertu avoit
beaucoup de peine à se soutenir dans
les grands postes.

Simonidès, qui rapporte ce trait de la vie de notre Sage, ne dit point s'il se mit à la tête de l'armée dont on lui avoit donné le commandement : il n'y a pas lieu de le croire; car il mourut peu de tems après dans sa patrie, âgé de plus de soixante-dix ans. On mit cette épitaphe sur son tombeau.

PITTACUS, Lesbos la sainte, qui t'a donné le jour, t'a mis en pleurant dans ce tombeau.

On a écrit que ce Sage mangeoit beaucoup; & on lit, dans le banquet des sept Sages de *Plutarque* (a), une chanson Greque, dans laquelle il y a ce couplet : « Moulez meule, mou- » lez; car PITTACUS, qui règne dans » l'auguste Mytylène, aime à mou- » dre ». On lui a aussi reproché de souper sans lumière, d'être mal pro- pre, mal arrangé & d'avoir beaucoup d'orgueil; mais ces reproches ne sont pas motivés, & on est fort libre de les croire ou de les récuser. Quelque parti qu'on prenne, PITTACUS n'en

____

(a) *Plutarch. Sept. Sapient. convivium.*

fera pas moins digne d'estime & un
habile moraliste.

Jamais homme n'a vécu avec plus
de frugalité & de continence : il eût
mieux aimé manquer du nécessaire, que
de passer les bornes de la médiocrité.
Il avoit pour maxime de ne jamais mentir. Nous lisons encore dans l'histoire
qu'il avoit fait mettre une échelle dans
tous les temples de Mytylène, pour
marquer les jeux différens & les revers
de la fortune. C'eût été une chose
curieuse, si on nous avoit décrit cette
invention. Elle est toujours un monu-
ment précieux de la beauté de son esprit & de la bonté de son cœur.

BIAS.

BIAS

BIAS. *

BIAS étoit ami & contemporain de *Pittacus* , & comme lui, un des sept Sages de la Grèce. Il naquit a Prienne , dans la Carie. Son père, appellé *Teutame* , descendoit d'une famille illustre. Il donna à son fils une éducation conforme à sa naissance, & tâcha sur-tout de perfectionner le goût qu'il avoit pour l'éloquence. Aussi BIAS fit-il un bel usage du talent de la parole, tant pour défendre l'innocence opprimée, que pour abattre le vice. Il s'acquit par-là une si grande réputation, que pour louer l'éloquence d'un avocat , on disoit qu'il plaidoit à la manière de BIAS.

Cette profession d'avocat lui parut si noble & si conforme à son goût, qu'il l'exerça toute sa vie ; mais il ne se chargea jamais d'une mauvaise cause , de

* *Diogène de Laerce* , l. I. *Hérodot* , l. I. *Auson. Sap. Sent. Stanleii Historia Philosophiæ* , p. 69. *Jacobi Bruckeri Histor. cr. Philos.* tom. I.

crainte qu'en séduisant les juges par
les charmes de son discours, il ne se
rendît complice de leurs erreurs. Il
étoit également juste & bienfaisant : il
se montra tel sur-tout dans une belle
action qu'il fit à l'égard des jeunes
filles de Chessène, qui étoient cap-
tives.

Il racheta ces filles, les fit élever
chez lui avec des soins de père, &
quand elles furent en âge d'être établies, il les dota, & les renvoya à
leurs parens. Ces filles témoignèrent
leur reconnoissance à leur libérateur,
en saisissant une occasion qui se pré-
senta.

Des jeunes gens d'Ionie achetèrent
de quelques pêcheurs ce qu'ils prendroient dans leurs filets. Ceux-ci tirè-
rent de l'eau un trépied d'or : les jeunes gens le réclamèrent ; mais les pêcheurs prétendirent n'avoir vendu que
les poissons qui seroient pris dans leurs
filets. Là-dessus grande dispute ; les
uns & les autres soutenant, par des
raisons également bonnes, que le trépied leur appartenoit. Comme ils ne
pouvoient être juges & parties, ils
s'accordèrent à consulter l'oracle sur

ce qu'ils devoient faire, & à se sou-
mettre à sa décision. L'oracle répondit :
J'adjuge le trépied au plus sage. Autre
embarras ; car comment savoir qui étoit
le plus sage ? Les Athéniens s'assem-
blèrent pour décider la question, qui
n'étoit point du tout aisée ; mais les
filles que BIAS avoit délivrées la ré-
solurent aisément, & décidèrent que
le plus sage étoit celui qui les avoit
rachetées, élevées & dotées. Elles ad-
jugèrent donc le trépied à leur libérateur.

Ce jugement n'étoit peut-être pas
assez motivé pour être exécuté ; mais il
étoit dicté par un si beau sentiment,
celui de la reconnoissance, que le
père d'une de ces filles courut pour
en faire part à l'assemblée. Il exposa
leurs raisons, & les bienfaits que lui-
même avoit reçus de ce Philosophe,
& toute l'assemblée convint que BIAS
étoit le plus sage de la Grèce.

On lui envoya donc le trépied ; mais
il le refusa, en disant qu'il n'y avoit
qu'Appollon de sage.

Diogène de Laerce rapporte diffé-
remment ce trait de l'histoire de notre
Philosophe, dans la vie qu'il en a pu-

bliée. Il dit que sur le trépied étoient écrit ces mots, *au plus sage.* Cependant ce trépied est le même que celui qui fut envoyé à *Thalès* de Milet, le premier Sage de la Grèce. * Or il est constant qu'il fut trouvé par des pêcheurs. L'inscription est vraisemblablement une chose supposée ; car la dispute des jeunes gens & des pêcheurs n'auroit pas eu lieu, si on avoit vu sur le trépied sa destination.

On conçoit aisément quel honneur fit à BIAS ce jugement des Athéniens. Tous ses concitoyens en furent flattés ; mais il s'acquit un plus grand droit à leur estime par le service qu'il leur rendit.

Halliates, roi de Lydie, mit le siége devant Prienne, sans cependant faire aucune attaque. Il empêcha seulement qu'il n'entrât de vivres dans cette ville, dans l'espérance de la prendre par famine. Notre Philosophe pénétra le dessein de ce prince ; & pour le dégoûter de ce projet, il fit chasser dans

---

* On trouvera l'histoire de ce Philosophe dans la classe des Physiciens de cette *Histoire des Anciens Philosophes.*

le camp ennemi deux mulets, qu'il avoit fait engraisser. A la vue de ces mulets, les assiégeans jugèrent que la ville étoit suffisamment pourvue de toutes les choses nécessaires pour une longue défense.

Halliates crut qu'il lui seroit plus avantageux de tenter la voie de négociation que de suivre son projet. Il envoya pour cet effet des députés aux Prienniens : mais BIAS, ayant été instruit de cette députation, fit disposer, en différens endroits de la ville, des monceaux de sable, dont la superficie étoit couverte de bled. Les députés du roi lui rendirent compte à leur retour de cette abondance ; de sorte que ce prince ne balança plus de faire un traité de paix avec les habitans de cette ville.

Lorsque le traité fut signé, le roi, qui avoit beaucoup entendu parler de notre Sage, le fit prier de le venir voir dans son camp. Dis à ton maître, répondit BIAS à celui qui lui portoit la parole de la part du roi, *qu'il aille manger des oignons* ; ce qui signifioit qu'il pleure de sa crédulité.

C'eſt ainſi que *Diogène de Laerce*, *Stanley*, &c. rapportent la réponſe de Bias. Cependant un Savant (M. l'abbé *Sevin*) qui a fait des *recherches ſur les rois de Lydie*, prétend qu'il répondit qu'il aille manger de l'*ail*, & ajoute « que » c'étoit une manière de parler dont » ſe ſervoient les anciens quand ils » vouloient donner à quelqu'un des » marques publiques de leur haine, & » cela parce qu'une des propriétés de » cette plante eſt de faire pleurer ceux » qui la coupent ». * On pourroit croire qu'il y a ici une faute d'impreſſion, & qu'on a mis ail pour oignon ; mais il s'agit de ſavoir ſi cette plante, dont parle M. l'abbé *Sevin*, eſt déſignée par l'ail ou par l'oignon ; car on ne voit point que notre Philoſophe eût aucune raiſon de haïr le roi de Lydie. Tous les hiſtoriens n'ont jamais vu dans ſa réponſe qu'une leçon à ce prince ſur ſa crédulité, & c'étoit le droit des Sages de donner des leçons aux hommes.

---

* *Memoires de l'Académie des Inſcriptions*, tom. pag. 269.

De son explication, M. l'abbé *Sevin* conclud « que la politesse n'a ja-
» mais été la vertu favorite des Philo-
» sophes ». Premièrement l'explication étant fausse, la conséquence l'est
aussi. En second lieu, la vertu d'un
Sage n'est pas de flatter les hommes, &
de les tromper, comme l'enseigne quelquefois la politesse, mais de leur dire la
vérité, de les instruire & de les aimer.

Cependant, graces à BIAS, on commençoit à jouir dans Prienne des douceurs de la paix, lorsque *Cyrus*, après
avoir fait *Crésus* prisonnier, envoya une
armée contre les Grecs. Les Prienniens
souffrirent de ces mouvemens. Notre
Philosophe, qui prévit les troubles que
cette guerre alloit causer dans sa patrie, conseilla à ses concitoyens de
demander, en payant, à *Cyrus* le territoire de Sardes, pour y bâtir une
ville, qui seroit désormais la capitale
de l'Ionie ; ce qui les mettroit à portée de se rendre maîtres de toutes les
isles adjointes, & d'y vivre dans une
tranquillité permanente ; car sans cela,
ajouta-t-il, il ne faut point espérer
d'être long-tems libre.

Les Prienniens trouvèrent cet avis

fort bon; mais ils n'eurent pas affez de force pour le fuivre. Ce fut une grande faute de leur part, dont ils fe repentirent bientôt.

L'armée de *Cyrus* s'étant approchée de leur ville, ils ne s'y trouvèrent point en sûreté, de forte que chacun s'empreffa d'en fortir & d'emporter avec lui ce qu'il avoit de plus précieux. BIAS ne crut pas devoir refter feul dans Prienne; mais comme il laiffoit tous fes effets, on lui demanda pourquoi il fortoit ainfi les mains vuides; à quoi il répondit : *Omnia mecum porto; je porte tout avec moi* : ce qui fignifie, je porte mon efprit, mes talens, mes connoiffances, & avec cela je n'ai befoin de rien, parce qu'ils me procureront par-tout des biens & des honneurs. Belle réponfe, qui annonce une ame élevée, qui méprife les richeffes & qui ne fait cas que du mérite & de la vertu.

En fortant de Prienne, notre Sage s'embarqua fur un bâtiment, où il trouva des gens qu'il favoit être des libertins, fans mœurs & fans religion. L'un d'eux lui demanda ce que c'eft que la piété, & il ne répondit pcint. Cet homme lui fit encore la même

queſtion, & Bias garda toujours le
ſilence. Il le pria de lui en dire la raiſon, & notre Sage lui répondit : *Je me
tais, parce que tu t'informes de choſes qui
ne te regardent point.*

Au milieu de la navigation, il s'é-
leva une tempête qui mit le bâtiment
dans un danger imminent. Ses com-
pagnons de voyage croyant qu'ils alloient périr, invoquèrent les Dieux,
mais Bias leur impoſa ſilence. *Taiſez-
vous*, leur dit-il, *de crainte que les Dieux
ne s'apperçoivent que vous êtes ici.*

L'hiſtoire ne nous apprend point
dans quels lieux notre philoſophe
voyagea : elle rapporte ſeulement que,
ſe trouvant un jour dans une foire,
où étoient étalées pluſieurs ſuperfluités,
également rares & curieuſes, il dit,
en paſſant : *Que voilà de choſes dont
je ſais me paſſer !*

C'eſt apparemment dans ſes voyages qu'il fit deux mille vers ſur l'Ionie,
dont le ſujet étoit le moyen par lequel
on pouvoit rendre ce pays plus heureux.
De retour dans ſa patrie, où le calme
étoit rétabli, il continua à y exercer
la profeſſion d'avocat avec les plus
grands applaudiſſemens. Il mourut

même dans le lit d'honneur, c'est-à-dire, en plaidant une cause.

Il étoit fort âgé, & quoique bien portant, ses forces ne répondoient point à l'activité de son esprit. Il convenoit sans doute qu'il mît des bornes à son zèle ; mais un de ses amis l'ayant prié de soutenir son bon droit dans une affaire qui l'intéressoit beaucoup, il plaida avec tant de feu, que les forces lui manquèrent tout d'un coup. Il se tut pour se reposer, & appuya sa tête sur son petit fils, tandis que son adversaire plaidoit. Les juges, ayant pesé les raisons des deux parties, prononcèrent en faveur de BIAS. L'assemblée se leva, & comme on voulut en avertir notre Philosophe, on le trouva mort.

La ville lui fit de magnifiques funérailles, & fit mettre sur sa tombe cette inscription :

Cette pierre couvre BIAS de Prienne, l'ornement de la célèbre Ionie.

Voici les maximes de morale de ce Philosophe.

I. Aimez les hommes comme si vous deviez les haïr un jour.

II. Eſtimez la vie en partie, comme ſi vous deviez vivre peu ; & en partie, comme ſi vous deviez vivre long-tems.

III. Soyez lent à entreprendre, & ferme à exécuter ce que vous avez entrepris.

IV. Ne parlez point précipitamment, car la précipitation à parler marque de l'égarement.

V. Soyez prudent dans tout ce que vous faites.

VI. Parlez fainement de Dieu.

VII. Rapportez à Dieu tout ce que vous faites de bien.

VIII. Ne louez point un mal honnête homme, à cauſe de ſes richeſſes.

IX. Faites-vous prier pour recevoir quelque choſe.

X. Ne jugez jamais perſonne ; mais ſi on vous oblige à le faire, tâchez de n'être juge qu'entre vos ennemis , plutôt qu'entre vos amis ; parce que dans le premier cas, il y en a toujours un qui devient votre ami , & que dans le ſecond, il y en a un qui eſt toujours votre ennemi.

XI. Supportez les diſgraces qui vous arrivent , crainte qu'elles ne vous rendent malheureux.

XII. Ce n'eſt point une vertu médiocre de conſerver la tranquillité de
l'ame , & la férénité du viſage dans
la chûte & dans l'infortune.

XIII. Il n'eſt point de plus grande
maladie de l'ame , que celle de de-
ſirer ce qui eſt impoſſible , & d'oublier
la miſère de ſon prochain.

XIV. Il eſt inutile de meſurer notre
vie , puiſque le tems même que nous
employons à la meſurer , la diminue.

XV. Ne faites proviſion que de ſageſſe ; c'eſt le ſeul bien que la fortune ne peut enlever.

XVI. La perfection du corps eſt un
préſent de la nature.

XVII. Souvenez-vous que vous ne
pouvez travailler plus glorieuſement ,
qn'en tâchant d'acquérir l'amitié de
vos concitoyens , & qu'il eſt de la
prudence d'un homme de ne rien cacher de ce qui peut être utile à la
patrie.

XVIII. Ceux qui abuſent de la ſageſſe , ou en font un mauvais uſage ,
reſſemblent aux chouëtes , qui ne
voient que la nuit , & que la clarté du
ſoleil ébloüit.

XIX. Sachez que le plus grand bien

eſt le ſentiment d'une bonne conſ-
cience.

XX. Rien n'eſt plus doux que l'eſpérance ; rien n'eſt plus agréable que
le gain.

XXI. L'homme le plus méchant,
c'eſt le fourbe ; le plus riche, celui
qui ne deſire rien, & celui qui eſt le
plus pauvre, c'eſt l'avare.

XXII. Le caractère du Sage eſt de
ne pas nuire lorſqu'il le peut ; celui de
l'inſenſé eſt de vouloir nuire quand il
ne le peut pas.

CLÉOBULE.

CLÉOBULE. *

CLÉOBULE eſt fort peu connu,
quoiqu'il ſoit un des ſept Sages de la
Grèce. Sa vie n'a point eu d'événemens. Il náquit à Linde, petite iſle de
l'iſle de Rhodes, dans le même tems
que les autres Sages. Son père nommé *Evagoras* étoit roi des Lindiens, &
deſcendoit d'Hercule. Il donna à ſon
fils la meilleure éducation; mais comme
l'Egypte étoit la mère des ſciences &
des arts, il l'envoya dans ce pays,
afin qu'il y puisât les ſecrets de la philoſophie. CLÉOBULE ſe fit admirer
des Savans d'Egypte par la vivacité de
ſon eſprit. Il vint en Grèce chargé
des connoiſſances des Egyptiens, &
s'y acquit une eſtime générale par la
ſolidité de ſa doctrine.

La première choſe qu'il fit en arrivant fut de ſe marier. Les hiſtoriens

---

* *Diogène Laerce*, l. I. *Auſon. Sap. Sent. Stanleii Hiſtoria Philoſophiæ*, p. 73. *Brackeri Hiſt. crit.
Philoſog.* tom. I.

de fa vie ne nous ont point appris le nom de la femme qu'il époufa. Seulement nous favons qu'il en eut une fille qu'il appella *Cléobuline*, & qui lui fit goûter toutes les fatisfactions qu'un enfant chéri peut procurer à un père tendre par fon mérite & fes vertus.

Aux charmes de la figure de cette fille fe joignoient une grande intelligence, & beaucoup de vivacité d'efprit. Elle eut tant de paffion pour la philofophie, que pouvant monter fur le trône, elle aima mieux y renoncer que d'interrompre le cours de fes études. Elle expliquoit fort bien les énigmes fi en vogue parmi les Savans de ce tems-là. Elle étonna la reine de *Seba* par la juftelfe des folutions des queftions qu'on lui propofoit, & mit enfin la fcience des Egyptiens à bout, en leur envoyant des problêmes qu'ils ne pouvoient réfoudre.

Son père compofoit auffi des queftions énigmatiques, qui ne font point parvenues jufqu'à nous. *Diogène Laerce*, d'après *Pamphila*, lui attribue cependant celle de l'année, laquelle eft énoncée en ces termes : « Un père a » douze enfans, qui ont chacun trente

» filles, mais de beauté différente : les
» unes font brunes, les autres font
» blondes ; & quoiqu'elles aient la
» vertu d'être immortelles, toutes fe
» fuccèdent, aucunes n'eft exempte de
» mort ».

Si CLÉOBULE n'eût produit que
de pareils ouvrages, il n'eût point été
compté au nombre des Sages de la
Grèce ; mais il fe diftingua par un travail plus folide : ce fut de mettre en
vers fes penfées fur la morale ; & cette
poéfie philofophique lui acquit une réputation qui a rendu fon nom immor-
tel. Amoureux de toutes les fortes de
gloire, ce Sage voulut élever un mo-
nument, qui accrût encore fa réputation. Il fit bâtir un temple en l'honneur
de Minerve, & fournit ainfi un exemple de la piété des Philofophes envers
les Dieux.

Notre Philofophe ne fe mêla point
du tout des affaires de la république. Il
préféra la tranquillité & les agrémens
d'une vie privée aux poftes les plus émi-
nens, & aima mieux donner des loix
à fon efprit, en réglant fes paffions,
que d'en donner à la république en
la gouvernant. Encore malgré cette

attention continuelle à veiller sur lui-même, la fougue de son tempérament le faifoit quelquefois fortir de fon caractère. Il étoit fujet à des accès de colère, qui auroient eu des fuites fâcheufes, fi fa fille n'eût calmé tous fes mouvemens.

Ce fut peut-être parce qu'il fe connoiffoit fi fufceptible de s'allumer, qu'il vécut dans la retraite ; & c'eft tout ce que peut faire un Sage, qui fait qu'il n'eft point en notre pouvoir de tempérer le bouillonnement d'un fang qui s'enflamme avec facilité.

Il joüit donc en paix, dans le fein de fa famille, des charmes de la Philofophie , & mourut dans fes bras à l'âge de foixante-dix ans. Les Lindiens, après lui avoir rendu les derniers honneurs , gravèrent fur fa tombe cette épitaphe :

Linde que la mer arrofe de tous côtés, pleure la perte du fage CLÉOBULE *, dont elle fut la patrie.*

Comme on attribuoit à chaque Sage une fentence caractériftique, on affure que celle de CLÉOBULE étoit que *la manière eft ce qu'il y a de meilleur en routes chofes.* On ne fait pas trop ce que cela fignifie. Entend-t-on par là que la forme vaut mieux que le fond dans toutes les affaires ? Que la façon dans les actions, la manière d'obliger, le ton avec lequel on dit une chofe obligeante, font plus aimables que les actions mêmes, que le fervice que l'on rend, & que la chofe obligeante que l'on dit? Voilà du moins ce que peut préfenter le fens de cette fentence, qui n'eft affurément pas merveilleufe.

On veut qu'il foit encore auteur d'une infcription qu'on avoit mife fur le tombeau de *Midas*, qui n'eft guere meilleure que la fentence. C'eft une ftatue qui parle : elle étoit couchée fur ce tombeau, & on lui faifoit dire en ftyle poétique, *qu'elle l'arrofera de fes larmes, tant que le monde durera.*

Enfin *Diogène Laerce* a tranfcrit dans fon livre une lettre fort courte de CLÉOBULE à *Solon*, où il l'engage à venir demeurer à Linde ; mais il y a long-tems qu'on a écrit, & même prouvé qu'on n'a aucune lettre des Philofophes Grecs, & que celles que l'on met fur leur compte font abfolument fuppofées. Terminons donc fon hiftoire par l'expofition de fes maximes.

I. Les hommes font naturellement ignorans & fuffifans, mais le tems les inftruit.

II. Un état eft bien gouverné lorfque le peuple craint moins les loix que l'infamie.

III. Si vous voulez être heureux, aimez mieux l'étude que l'ignorance.

IV. N'occupez votre efprit que de grandes chofes, de chofes élevées.

V. Tachez de vous rendre la vertu propre, de vous éloigner du vice, de réprimer la volupté, & de n'être point injufte.

VI. Aimez plus à écouter qu'à parler.

VII. N'ouvrez la bouche que pour dire du bien.

VIII. N'employez jamais la violence pour quelque raifon que ce foit.

IX. Faites en forte de n'avoir point d'ennemis.

X. Entretenez vos amis par des marques fréquentes d'amitié, afin de vous les rendre plus intimes; & favorifez vos ennemis, afin de changer leur haine en amitié.

XI. Ne fortez point de chez vous fans penfer à ce que vous allez faire, & n'y rentrez point fans réfléchir fur ce que vous avez fait.

XII. Ne foyez point ingrat.

XIII. Faites tous vos efforts pour n'avoir point d'ennemis.

XIV. Ne riez point de l'affront que quelqu'un reçoit, de peur d'en faire un ennemi.

XV. Ne vous mariez qu'avec votre égale, fi vous ne voulez pas avoir de parens pour maîtres.

XVI. Ne vous enorgueilliffez point dans la profpérité, & ne vous laiffez point abattre dans l'affliction.

XVII. Supportez courageufement les changemens de la fortune.

XVIII. Ne puniffez jamais un domeftique pendant fon ivreffe, fi vous ne voulez pas paffer pour être ivre vous-même.

XIX. Ne flattez jamais, ni ne querellez votre femme en public ; car la flatterie eft alors une foibleffe, & la réprimande une folie.

XX. Ne vous rendez jamais défagréable fans fujet.

XXI. Elevez fi bien vos filles, que

quand vous les marierez elles foient jeunes pour l'âge , & femmes pour l'efprit.

XXII. Refpectez vos père & mère.

XXIII. Mettez tout en œuvre pour avoir l'efprit & le corps fain.

XXIV. Ne négligez point l'exercice du corps.

XXV. Pardonnez aux défauts des autres ; mais ne faites point grace aux vôtres.

XXVI. Excufez les bons , fi vous voulez nuire aux méchans.

XXVII. Le malheureux ne mérite point les richeffes qu'il jaloufe.

ÉSOPE.

ESOPE. *

CE Philosophe a vécu avec les Sages de la Grèce, sans avoir la qualité de sage, quoiqu'il la méritât sans doute beaucoup mieux que *Périandre* & *Mison*, à qui on l'a donnée. *Bayle* dit qu'on auroit eu plus de raison de ranger *Périandre* dans la classe des plus méchans hommes qui aient jamais été, que de le compter au nombre des Sages ; car il opprima sa patrie, en lui ravissant la liberté ; usurpa la royauté & s'y maintint par le fer & par le feu ; commit inceste avec sa mère ; tua sa femme à coups de pieds, pendant qu'elle étoit enceinte ; fit brûler ses concubines ; chassa son fils & le dés-

* *Vie d'Esope tirée des anciens Auteurs*, par M *de Méziriac*, 1666 *in-*12. Cette vie est précédée des fables d'*Esope*, traduites par *Pierre Millot*. *Aulu-Gellii noctes Atticæ. Dictionn. Hist. & crit.* de *Bayle*, art. *Esope. Jacobi Bruckeri, Hist. crit. Phil.* tom. I. &c.

Je ne cite ni la vie d'*Esope* par *Planudes*, ni celle de *la Fontaine*, parce qu'on a démontré que ces deux ouvrages sont un roman. Voyez le *Diction. de Bayle* que je viens de citer.

hérita parce qu'il pleuroit la mort de
fa mère, enfin fe fit affafiner après avoir
mené une vie honteufe & miférable. **
Il eft vrai qu'il a raffemblé quelquefois les Sages à Corinthe, qu'il a dé-
bité quelques maximes de morale (*a*)
en vers (ce qui fuffifoit alors pour être

** La manière dont il mourut mérite d'être rapportée. Comme il craignit qu'on ne le diffamât après
fa mort, il voulut qu'on ignorât ce que fon corps
étoit devenu ; & pour cela il montra à deux jeunes
gens un chemin où ils devoient fe trouver pendant
la nuit, en leur ordonnant de tuer le premier qu'ils
rencontreroient dans ce chemin, & de l'enfevelir. Il
ordonna encore à quatre autres jeunes gens de s'en
aller fur le même chemin, & d'y tuer ces deux premiers, dabord qu'ils fe préfenteroient devant eux,
& de les enterrer. Enfin il envoya plufieurs autres perfonnes avec les mêmes ordres. Et de cette forte
Périandre s'étant fait tuer par les deux premiers, &
ayant été enfeveli par eux-mêmes, il fut impoffi-
ble de decouvrir le lieu de fa fepulture. *Diogène Laerce*, l. I.

(*a*) Voici les maximes qui fe trouvent dans fes poéfies, lefquelles font compofées de deux mille vers. 1.
Pour régner tranquillement, il faut être gardé par
l'amour des peuples plutôt que par les armes. 2. Il eft
également dangereux de renoncer à la tyrannie, que
d'être contraint de la quitter. 3. Rien n'eft plus utile
que le repos ; rien n'eft plus dangereux que la témérité. 4. L'efpérance du gain ne doit point être l'objet
de nos actions. 5. La volupté ou le plaifir font des
biens paffagers, & l'honneur & la gloire font des
biens immortels. 6. Homme, il ne faut point s'enor-
gueillir de votre élévation ; il ne faut point non plus
perdre courage quand la fortune vous eft contraire.

poëte,

poëte, c'est-à-dire Sage, suivant le langage du tems.) Mais ce petit mérite n'efface pas toutes les horreurs de sa tyrannie, & on est toujours étonné que ce monstre figure avec d'honnêtes gens, & encore moins avec des Sages.

A l'égard de *Mison*, c'étoit un homme éclairé qui a vécu assez obscurément, toujours dans la retraite & dans la solitude, & qui n'a recherché d'autre satisfaction que celle que donne à un honnête homme le témoignage d'une bonne conscience. C'est-là sans doute un grand titre pour mériter le nom de Sage. *Diogène Laërce* le représente comme un misantrope, qui demeuroit dans les bois aux environs de Lacédémone & qu'on entendoit souvent rire seul. Quelqu'un le surprit dans cet accès de joie, & lui demanda pourquoi il rioit n'ayant personne avec lui : *C'est justement*, dit-il, *pour cela que je ris*. Il disoit que, *ce n'est point par la science des paroles qu'il faut parvenir à la con-*

7. Faites le même accueil à un ami malheureux, qu'à celui que la fortune favorise. 8. Gardez inviolablement la parole que vous avez donnée. 9. Ne parlez pas trop, crainte de dire quelque secret. 10. Puisqu'on punit ceux qui font le mal, on doit châtier de même ceux qui ont dessein de le faire.

*noiſſance des choſes ; mais que c'eſt par
l'étude des choſes , qu'il faut déterminer
les paroles , parce que les mots ſont
pour les choſes , & non les choſes pour
les mots.* Il étoit né à Laconie, dont ſon
père avoit uſurpé la royauté, & mourut aux environs de Lacédémone âgé
de quatre-vingt-dix-ſept ans.

Aſſurément *Miſon* étoit plus digne du
titre de ſage que *Périandre*; & puiſqu'on
vouloit en compter ſept , il valoit
infiniment mieux choiſir celui là que
celui-ci ; mais on eût mieux fait encore de préférer à *Miſon* le philoſophe
dont je vais écrire l'hiſtoire. ESOPE,
dit *Aulugelle* , eſt bien digne d'être
compté au nombre des Sages (a).

En effet ce moraliſte eſt le premier, ou
le principal auteur des apologues , invention heureuſe dans leſquelles il ſut
employer contre les défauts des hommes les leçons les plus utiles & les plus
ingénieuſes. Dans les autres fables les
poëtes repréſentent les amours infâmes
des Dieux , leurs inceſtes , leurs que-
relles & pluſieurs autres crimes : ils ap-

______

(a) *Æſopus è Phrigia fabulator , haud. immerito ſa-
piens exiſtimatus eſt Aulugellii , Noctes Att.* lib. II.
c. 29.

prennent à aimer les femmes, les richesses & la domination, & persuadent à leurs lecteurs qu'ils ne péchent point en satisfaisant leurs desirs les plus déréglés, puisqu'ils ne font qu'imiter les Dieux. Aussi les anciens prétendent-ils que l'apologue vient d'un Dieu, & que c'est Mercure qui l'a révélé à notre Philosophe. Et voici comment le célèbre *Appollonius* de Thyane raconte la chose.

Esope étant berger & faisant paître son troupeau auprès d'un temple de Mercure, demandoit souvent à ce Dieu le don ou la possession de la sagesse. Il avoit un grand nombre de compétiteurs qui faisoient de riches offrandres à ce Dieu. Esope, qui étoit pauvre, n'offroit rien de précieux, & ne lui portoit que du miel, du lait & des fleurs. Mercure ne faisoit pas grande attention à ses présens, de façon qu'il distribua la sagesse aux autres fans songer à Esope. Il donna à l'un la philosophie, à un autre la réthorique, à un troisième l'astronomie, & l'art poétique au dernier. Il ne se souvint d'Esope qu'après avoir achevé sa distribution; & ne voulant point le renvoyer fans lui donner quelque chofe, il lui communiqua le don d'inventer les apologues.

M. *La Fontaine* ignoroit fans doute ce trait hiftorique, lorfqu'il a écrit dans la préface de fes fables choifies : « Je » ne fais comment les anciens n'ont » pas fait defcendre du ciel ces mêmes » fables ». Elles en viennent cependant en droiture, fuivant *Appollonius* de Thiane. Il y a pourtant ici une petite erreur ; c'eft ce que fuivant *Quinti-lien* (a) & *Bayle* (b), c'eft à *Héfiode* qu'on doit l'invention de l'apologue. ÉSOPE ne l'avoit donc point reçue de Mercure, puifqu'elle étoit déjà toute trouvée. Il eft vrai que cette in-vention n'étoit prefque rien entre les mains d'*Héfiode*.

M. d'*Egli*, de l'Académie Royale des Infcriptions & Belles-Lettres, qui a fait de favantes recherches fur l'apologue, n'a trouvé qu'un feul apologue d'*Héfiode* : c'eft celui de l'épervier & du roffignol, dont la moralité fe réduit à cette maxime, que le plus foible

---

(a). *Quint. Inftitut. Orator.* l. V. c. II.
(b) *Dict. crit.* art. *Efope.* N. A.

doit céder au plus fort, & ne pas l'irriter par une réfiftance inutile. Cet apologue unique, demande M d'*Egli*, doit-il valoir à *Héfiode* la gloire d'être regardé comme le créateur du genre? Il y auroit bien plus de raifon à en faire honneur à *Homère*, ajoute ce Savant, fi la *Batrachomyomachie* eft réellement de lui; car ce poëme eft un véritable apologue. Son but eft de réprimer par l'exemple des grénouilles & des rats, l'ambition des fouverains, qui pour foutenir une guerre, témérairement entreprife, traînent à leur fuite un peuple de vagabonds, plus avides du pillage, qu'animés du defir de la gloire (*a*).

Auffi *Phèdre* n'héfite point d'appeller ESOPE le vrai père de cette forte de production. » J'ai poli, dit il, la » matière qu'ESOPE A TROUVÉ LE » PREMIER, & je l'ai mife en vers Iam- » bes (*b*) ».

(*a*) *Hiftoire de l'Académie Royale des Infcriptions*, tom. XVI. p. 45.

(*b*) *Æfopus autor, quam materiam reperit,*
Hanc ego polivi verfibus fenariis.

Phædri Fabul. Æfopicarum Prologus.

Cela ne doit plus être douteux. La
feule chofe qui foit fufceptible de
difcuffion , eft de favoir fi Esope a
compofé des fables pour en faire une
manière de code , qui remfermât dans
des fictions allégoriques toute la morale qu'il vouloit enfeigner , ou fi les
différentes circonftances , dans lefquelles il fe trouva , y ont fucceffivement
donné lieu. Si ce problême eft folu-
ble , il ne peut l'être que par la connoiffance de ces circonftances. Le lecteur éclairé pourra donc le réfoudre ,
en fuivant avec attention l'hiftoire de
la vie de ce grand Perfonnage , que je
vais mettre fous fes yeux.

Esope étoit contemporain des Sages
de la Grèce. Il nâquit à un bourg de
Phrygie appellé Amorium , & fut ef-
clave prefque en venant au monde de
Démarchus , furnommé *Carafias* , citoyen d'Athènes. Un efprit vif & agréable , un bon naturel , des mœurs douces , & beaucoup d'exactitude à remplir fes devoirs , lui acquirent l'amitié
& l'eftime de fon maître , tellement
que celui-ci prit plaifir à le faire inftruire.

Athènes étoit alors la mère des

fciences & des lettres. Les hommes
les plus éclairés de l'univers y faifoient
leur féjour. Notre Philofophe fe trouvoit donc à portée d'apprendre la langue Grecque dans fa pureté , & d'acquérir la connoiffance de la Philofophie morale. Cette Philofophie étoit
toute en préceptes , & ceux qui l'en-
feignoient la pratiquoient exactement.
C'étoit fur-tout par cette pratique
qu'ils avoient mérité le nom de fage.

ESOPE ne crut pas devoir les imiter,
parce qu'il confidéra prudemment que
la baffeffe de fa naiffance , & fa condition fervile ne lui permettoient pas
de prendre un vol fi haut. Il jugea faî-
nement qu'il n'avoit ni affez de crédit,
ni affez d'autorité pour inftruire le peuple par la voie des fentences : c'eft
pourquoi il réfolut de réduire fa morale en apologue.

Dans le tems qu'il méditoit fur fon
projet, il perdit fon maître, on ne
fait comment : mais *Planude* affure (&
il n'eft contredit là-deffus par perfonne) qu'on le mena au marché des efclaves, & qu'il fut placé entre un gram-
mairien & un muficien. Le premier acheteur qui fe préfenta demanda dabord

à ceux-ci ce qu'ils savoient faire, & ils répondirent, tout. Il s'adressa ensuite à Esope, à qui il demanda à quoi il seroit propre : *A rien*, répondit-il, *puisque les autres ont tout retenu pour eux.*

Cet acheteur s'appelloit *Xantus.* C'étoit un Philosophe fort estimé. Il sentit par cette réponse qu'Esope avoit de l'esprit. Il l'acheta, & eut tout lieu d'être satisfait de son emplete. Le bon sens de son esclave, & la vivacité de ses reparties l'amusoient souvent.

Un jour qu'il faisoit la débauche avec ses disciples, il s'oublia au point de perdre la tête. Esope, qui voyoit que les fumées du vin commençoient déja à brouiller ses idées & celles des convives, leur dit : *La débauche du vin a trois degrés ; le premier, de volupté ; le second, d'ivrognerie ; & le troisiéme, de fureur.* Cet avis étoit fort sage ; mais on s'en moqua, & on continua à boire. *Xantus* s'en donna jusqu'à perdre la raison. Parmi les propos ridicules qu'il tint dans son délire, il en avança un qui pensa le ruiner. Il se vanta de boire la mer, & consentit de perdre sa maison s'il ne le faisoit pas. Il fit plus :

pour aſſurance de ſa gageure, il dépoſa entre les mains de ſes convives un fort bel anneau qu'il avoit au doigt.

Le jour ſuivant que les vapeurs du vin furent diſſipées, *Xantus* fut étonné de ne plus trouver ſon anneau. Il ſe ſouvint alors de la gageure qu'il avoit faite, & en fut allarmé. Il communiqua ſon chagrin à Esope, qui lui dit qu'il y avoit un moyen fort aiſé de ſe tirer d'affaire. C'étoit de convenir qu'il avoit véritablement promis de boire la mer, mais non pas les rivières & les fleuves qui y entrent. Exigez donc, dit Esope à *Xantus*, que ceux qui ont votre anneau détournent leur cours, & vous ferez après cela ce que vous avez promis de faire.

Cette hiſtoriette eſt de *Planude*, & par-là, elle eſt un peu ſuſpecte, quoique l'expédient ſuggéré à Esope décèle bien ſon génie. Mais voici un trait de la vie de ce fabuliſte rapporté par *Phèdre*, qui mérite plus de croyance: il eſt le ſujet de la fable qui eſt intitulée réponſe d'Esope à un diſcoureur: *Æſopus ad garrulum.*

Esope reçut un jour, dit *Phèdre*, ordre de ſon maître d'apprêter le ſou-

per de meilleure heure qu'à l'ordinaire.
Comme il ne trouva point de feu chez
lui, il fortit avec une chandelle à la
main, & parcourut plufieurs maifons
pour en avoir : il en trouva à la fin,
& il alluma fa chandelle. Mais parceque
en tournant ainfi en divers endroits fon
chemin étoit devenu affez long, pour
l'accourcir, en revenant il paffa au
travers du marché. Quelqu'un trouva
extraordinaire de ce qu'ESOPE alloit
avec une chandelle allumée dans le
jour. Que viens-tu faire ici avec une
lumière en plein midi, dit-il à ESOPE?
Je cherche un homme, répondit l'efcla-
ve : *Hominem quæro.*

Il a toujours paffé pour conftant
que ce mot eft de *Diogène* le cinique.
Cependant ESOPE eft bien plus ancien que *Diogène*. Ce Philofophe l'auroit-il pris de notre fabulifte, ou *Phèdre*
en auroit-il fait honneur à celui-ci, fans
avoir égard à la vérité de l'hiftoire ? Je
fais que l'affranchi d'*Augufte* (a) entre-

(a) *Æfopi nomen ficubi interpofuero*
. . . .
Auctoritatis effe fcito gratia.

　　　　　　　　　Phædri Fabul. I. V.

mêle quelquefois dans ſes écrits le nom
d'ESOPE, pour avoir, dit-il, plus d'autorité ; mais il devoit ſavoir ſi le
mot *je cherche un homme* étoit de *Diogène* ou d'ESOPE ; & s'il n'eût été
queſtion que d'autorité, celle du
Philoſophe cinique auroit bien valu
celle de notre Sage. Dailleurs il n'y a
que *Diogène de Laerce* qui ait attribué
ce mot à *Diogène* le cinique ; & le
témoignage de cet hiſtorien à cet
égard ne vaut peut-être pas celui de
Phèdre.

En effet, ſuivant l'opinion reçue
aujourd'hui, *Diogène de Laerce* vivoit
ſous *Antonin* le Pieux ; c'eſt à dire,
l'an quatre-vingt ſix de J. C. & *Phèdre*
qui étoit affranchi d'*Auguſte*, vivoit
par conſéquent avant J. C. Or ſi ce fabuliſte eſt coupable pour avoir fait
dire à ESOPE un mot qu'il n'a pas
dit, *Diogène de Laerce* l'eſt encore davantage, pour n'avoir pas relevé *Phèdre* là deſſus, en attribuant ce mot à
Diogène le cinique ; car *Diogène Laerce*
cite volontiers *.

---

* Je dois ajouter ici que ni *Bayle*, dans ſon dic-
ionnaire, article *Diogène*, ni *Stanley*, ni *Brucker*,

Quoi qu'il en foit, c'eſt toujours un erreur d'en faire un honneur abſolu à *Diogène* le cinique, puiſqu'Esope y a pour le moins autant de droit que lui.

Cependant notre Philoſophe ne plaiſoit pas à l'épouſe de *Xantus*, parce qu'il étoit fort laid. Cette femme lui cherchoit toujours querelle, & cela occaſionnoit de fréquentes altercations entre elle & ſon mari. Pour avoir la paix dans ſa maiſon, *Xantus* vendit Esope au philoſophe *Idmont*, de Samos.

Ce Philoſophe avoit chez lui une eſclave nommée *Rhodope*, qui étoit une des plus belles femmes de la Grèce. Elle ſe trouva ainſi en ſociété avec un des hommes les plus laids qu'il y eut au monde. C'étoit une occaſion bien ſingulière, & il y avoit lieu de croire que *Rhodope* auroit eu pour Esope les mêmes ſentimens que la femme de *Xantus*. Mais par un caprice, ſans doute inconcevable, l'eſprit de notre Philo-

---

&c. n'ont fait dire à *Diogène* qu'il cherchoit un homme. Seroit-ce une faute du traducteur de *Diogène Laerce*, ſi ce mot ſe trouve dans ſon ouvrage? Je le penſerois volontiers; car il y a bien de l'inexactitude dans les vies de *Diogène Laerce*, comme on le verra dans la ſuite de cette hiſtoire.

sophe toucha tellement *Rhodope*, qu'elle en devint amoureuse.

Ce devoit être une grande douceur
pour Esope d'avoir ainsi à sa discré-
tion une si belle femme : aussi en con-
noissoit-il le prix. Mais comme tout est
mêlé d'amertume dans la vie, il perdit sa chere compagne. Au milieu de
ses plus vives joies, *Charaxus*, frère
de la célèbre *Sapho*, s'en amouracha,
& cette amour fit de si grands progrès, que *Charaxus* employa toutes
sortes de moyens pour l'avoir. Il l'a-
cheta un prix si exhorbitant, qu'il se
réduisit à une extrême pauvreté. On
dit que cette fille étant par là devenue
libre, fit le métier de courtisanne, &
qu'elle gagna à ce métier des richesses immenses ; jusques-là qu'on prétend
qu'elle fit bâtir une des plus fameuses
pyramides d'Egypte.

Esope crut avoir tout perdu, en
perdant sa chere *Rhodope* ; mais son
maître ayant eu le tems de connoître
tout son mérite, eut honte de retenir
dans l'esclavage un homme si digne de
jouir de la liberté. Il la lui donna, &
le mit en état de se servir de son esprit pour éclairer les hommes.

C'est aussi ce que fit notre Philosophe : il s'acquit bien - tôt une grande
réputation parmi les Grecs , & fut
presqu'aussi estimé que les sept Sages ,
qui fleurissoient alors.

En passant par Athènes , peu de tems
après que *Pisistrate* se fut emparé de
la royauté (*a*) , il s'apperçut que les
Athéniens portoient impatiemment le
joug de la servitude : il voulut les
consoler (*b*). A cette fin il imagina l'a-
pologue des grenouilles qui demandoient un roi à Jupiter. Les grenouilles , dit-il , se lassant de leur liberté ,
demandèrent un roi à Jupiter. Le père
des Dieux exauça leur prière , & leur
donna un roi fort doux ; c'étoit un so-
liveau. Elles n'en furent point satisfai-
tes , & elles supplièrent de nouveau
Jupiter de leur en envoyer un autre ;
& ce Dieu leur envoya une hydre
qui les déchira l'une après l'autre. Nouvelles plaintes à Jupiter, lequel leur fit
cette réponse , si bien rendue par l'i-
nimitable *La Fontaine* :

(*a*) Voyez ci-devant l'Histoire de *Solon.*
(*b*) Voyez la deuxième fable de *Phèdre* , lib. I.

Vous avez dû premièrement

Garder votre gouvernement ;

Mais ne l'ayant pas fait , il vous devoit suffire

Que votre premier roi fût débonnaire & doux.

De celui-ci contentez - vous ,

De peur d'en rencontrer un pire.

L'explication qu'Esope donna ensuite d'un testament si singulier, que personne n'y put rien comprendre , dut lui faire bien de l'honneur, si la chose est véritablement arrivée, comme *Phèdre* la rapporte (*a*) ; mais une des plus belles pensées qu'ait eu ce Philosophe, c'est sa réponse à *Chilon*. Ce Sage lui demanda un jour quelle

---

(*a*) Lib. IV. fab. 4. Voyez aussi la fable 20 , l. 2. des fables de *la Fontaine*. Cette fable commence par ces vers :

Si ce qu'on dit d'*Esope* est vrai,

C'étoit l'oracle de la Grèce ;

Lui seul avoit plus de sagesse

Que tout l'Aréopage.

En voici pour essai

Une histoire des plus gentilles ,

Et qui pourra plaire au lecteur.

Un certain homme avoit trois filles , &c. &c.

étoit l'occupation de Jupiter ; &
ESOPE répondit, *il abaisse les choses
hautes, & élève les basses :* réponse merveilleuse, qui est l'abrégé de la vie humaine. « Prenez l'histoire par quelque
» bout qui vous plaira, dit *Bayle*, &
» suivez en les progrès, depuis le com-
» mencement jusqu'à la fin, vous verrez
» par-tout des exemples de l'alternati-
» ve qu'ESOPE vouloit signifier. Le
» monde est un véritable jeu de bascule;
» tour à tour on y monte & on y
» descend (a) ».

En effet, un homme est-il devenu
riche, ses enfans font les fiers, deviennent prodigues, & se ruinent. Les
enfans de ceux-ci n'ayant pour toute
ressource que leur industrie, travaillent
nuit & jour pour s'enrichir, & s'élè-
vent. Si un souverain s'aggrandit trop,
les autres princes qui craignent d'en
être subjugués, se liguent entre eux
& l'abaissent.

Il en est ainsi de toutes les choses de
ce monde. *Bayle* croyoit qu'on feroit
un livre sur les causes de la *réciproca-*

____

(a) *Dict. Histor. & crit.* art. *Esope*, note. I.

tion, contenue dans la réponse d'E-
SOPE; & il vouloit qu'on l'intitulât
De centro oscillationis moralis.

Notre Philosophe trouvoit l'état de
la condition humaine fort triste. Il
ne voyoit que des misères dans la vie
de l'homme, & point de plaisir pur.
Aussi, disoit-il souvent, que Prométhée
ayant pris de la boue pour former
l'homme, il la détrempa, non avec de
l'eau, mais avec des larmes.

On ne sait point si ESOPE étoit alors
à Athènes; mais on a écrit qu'étant allé d'Athènes à Samos, il y arriva lorsque les Samiens étoient en allarmes.
Crésus, roi des Lydiens, leur avoit fait
dire qu'ils eussent à se rendre ses tribu-
taires, sinon qu'il les y forceroit par
ses armes. Le plus grand nombre des
Samiens opina qu'il falloit obéir. Notre
Philosophe ne fut point du tout de
cet avis. La fortune, dit-il, présente
deux chemins aux hommes; l'un de liberté, rude & épineux au commencement, mais dans la suite très-agréable;
l'autre d'esclavage, dont les commen-
cemens sont aisés, mais qui est pénible à
la fin. C'étoit faire entendre clairement
aux Samiens qu'il falloit défendre sa

liberté. Auſſi ils le comprirent, &
renvoyèrent l'ambaſſadeur de *Créſus*
avec peu de ſatisfaction.

Celui ci, de retour auprès de ſon
maître, lui fit part de ce qui s'étoit
paſſé à Samos, & dit tout nettement
au roi, que tant qu'Esope ſeroit dans
cette ville, il ſeroit difficile de tirer parti
de ſes habitans. *Créſus* le leur fit demander, & leur promit de les laiſſer
libres, s'ils le lui livroient.

Les principaux de la ville trouvèrent que ce n'étoit pas payer la liberté bien cher, que de l'avoir pour
Esope. Ils opinèrent donc de l'envoyer à *Créſus*; mais notre Philoſophe leur fit changer de ſentiment par
cet apologue. Les loups & les brebis
ayant fait un traité de paix, celles-ci
donnèrent leurs chiens pour ôtage.
Quand elles n'eurent plus de défen-
ſeurs, les loups les étranglèrent avec
moins de peine qu'ils ne faiſoient.

Cependant Esope, dans la vue de
ſervir les Samiens, crut qu'il leur ſeroit plus utile étant auprès de *Créſus*,
que s'il demeuroit à Samos. Ce roi ne
put revenir de ſa ſurpriſe, lorſqu'il vit
qu'une ſi chétive créature avoit tant

d'autorité fur l'efprit des Samiens. C'eft
donc là l'homme, s'écriat-il, qui s'oppo-
fe à mes volontés. A ces mots notre Sage
fe jetta à fes pieds & lui adreffa ces
mots : Un homme prenoit des faute-
relles, une cigale lui tomba auffi fous
fa main ; il alloit la tuer, lorfque la
cigale lui dit, que vous ai-je fait ? Je
ne ronge point vos bleds ; je ne vous
caufe aucun dommage ; je n'ai que la
voix, dont je me fers fort innocem-
ment. Grand roi, continua Esope,
je reffemble à cette cigale ; je n'ai que
la voix, & je ne m'en fuis point fervi
pour vous offenfer. Charmé de cette
réponfe, *Créfus* fit mille amitiés à ce
Sage, le garda à fa cour, & à fa con-
fidération ne troubla plus le repos
des Samiens.

Le féjour de la cour polit beaucoup
les manières d'Esope, & le rendit
même courtifan. *Créfus* y ayant affem-
blé les Sages du la Grèce, aucun ne
lui plut davantage que notre Fabulifte.
Tous lui parloient fincèrement & fiè-
rement : aucun ne lui difoit des chofes obligeantes. Un jour ce prince
leur demanda s'ils connoiffoient quelqu'un de plus heureux que lui, & per-

fonne ne voulut le nommer. *Solon* même le blâma, au lieu de le louer (a). Mais ESOPE voyant que *Créfus* étoit mal content de toutes leurs réponfes, qui ne lui donnoient aucun rang entre les hommes heureux, prit la parole, & dit : Pour moi *j'eftime que le roi Créfus a autant d'avantage fur le refte des hommes, que la mer en a fur toutes les rivières.* Cette comparaifon flata fi fort le roi, qu'il s'écria le Phrygien a le mieux rencontré.

Auffi lorfque *Solon* prit congé de *Créfus*, ce monarque le laiffa partir fans lui donner aucune marque d'eftime. ESOPE en fut fâché, & lui dit, *Solon*, il ne faut dire aux rois que des chofes obligeantes, au lieu des vérités dures, quoiqu'utiles. Il eft certain que *Solon* ne relâcha rien de fes maximes rigides auprès de *Créfus*, qu'il lui parla de la vanité des grandeurs humaines, fur le même ton que s'il eût à confoler un pauvre malade, pour me fervir de l'expreffion de *Bayle*, & qu'il n'eut aucune complaifance pour les préju-

---

(a) Voyez ci-devant l'hiftoire de *Solon*.

gés de ce prince, infatué de la pen-
fée que les richeſſes ſont la ſource du
bonheur. Cependant il faut avouer que
ſi Esope parla en courtiſan, *Solon*
parla en vrai Philoſophe.

Cela n'empêche pas qu'on ne doive convenir que notre Sage employa
contre les défauts des hommes les leçons les plus utiles & les plus ingénieuſes. Ceux qui ont dit que ſes apologues ſont les plus utiles de toutes les
fables de l'antiquité, ſavent bien juger
les choſes ; c'eſt l'avis de *Bayle*. Le
divin *Platon* ayant banni *Homère* de ſa
république, il y a donné à Esope une
place honorable. Il ſouhaite que les
enfans ſucent ſes fables avec le lait :
il recommande aux nourrices de les leur
apprendre ; car on ne ſauroit s'accoutumer de trop bonne heure à la ſageſſe & à la vertu (*a*).

Notre Philoſophe gagna tellement
les bonnes graces & la confiance de
Créſus, que ce roi voulant rendre hommage à Appollon, l'envoya à Delphes

____

(*a*) Voyez la préface des fables de *La Fontaine.*

pour y faire des sacrifices magnifiques
à ce Dieu, & pour distribuer à chaque
citoyen quatre mines d'argent. Esope
avoit une grande idée de ces peuples:
il croyoit qu'ils étoient fort éclairés,
& ne doutoit point qu'ils ne connussent
sa Philosophie & ses apologues; mais
voyant qu'ils le recevoient comme s'ils
n'eussent jamais entendu parler de lui,
il les compara aux bâtons flotans sur
l'onde. On s'imagine, dit-il, que de
loin c'est quelque chose, & de près ce
n'est rien. A cette comparaison humi-
liante, il ajouta des discours fort dé-
sobligeans. Il leur reprocha qu'ils
n'avoient presque point de terres la-
bourables, & que sans le grand abord
des étrangers, & les fréquens sacrifices qui se faisoient dans leur temple,
ils seroient réduits à mourir de faim.

Non content de les avoir offensés
en paroles, Esope passa aux effets.
Ayant fait des sacrifices à Appollon
en la manière que *Crésus* lui avoit pres-
crite, il renvoya le reste de l'argent
à ce prince, comme jugeant les Delphiens indignes de jouir de la libera-
lité du roi. Ce dernier trait les irrita

tellement, qu'ils réfolurent de s'en venger, & confpirèrent fa mort par une méchanceté horrible.

Ils cachèrent parmi fes hardes une coupe d'or, qui étoit confacrée à Appollon. Et comme ESOPE s'en alloit, ils coururent après lui, & fouillant fes hardes trouvèrent la coupe d'or qu'eux-mêmes y avoient mife. Ils l'arrêtèrent fur le champ, le conftituèrent prifonnier & lui firent fon procès, comme à un facrilège. Le procès fut bientôt inftruit & jugé, & fans aucun égard au mérite de prifonnier, & à fa qualité d'envoyé d'un roi puiffant, ils le condamnèrent à être précipité du haut de la roche, qu'on appelloit Kyampie, qui étoit le fupplice dont ils puniffoient les facrilèges. Inutilement voulut-il fe défendre en récitant fes apologues, les Delphiens s'en moquèrent.

Il leur raconta la fable de la grenouille & du rat. On fait que la grenouille voulut faire périr le rat qu'elle avoit attaché à fon pied, & pendant qu'elle faifoit fes efforts pour le tirer au fond de l'eau, un oifeau de proye fondit fur le rat, & l'enleva ainfi que la grenouille, & fe reput de l'un & de l'autre. C'eſt-ainſi , dit-il, Delphiens abominables, qu'un plus puiſſant que vous me vengera : je perirai , mais vous périrez auſſi.

Comme on le menoit au ſupplice , il trouva moyen de s'échapper & entra dans une petite chapelle dédiée à **Appollon.** Les Delphiens l'en arrachèrent. Vous violez cet azile , leur dit-il, mais un jour viendra que votre méchanceté ne trouvera point de retraite ſûre , & il vous arrivera la même choſe qu'à l'aigle , laquelle , nonobſtant les prières de l'eſcargot , enleva un lièvre qui s'étoit réfugié chez lui. La génération de l'aigle en fut punie juſques dans le giron de Jupiter ; mais les Delphiens peu touchés de ces menaces le précipitèrent.

Peu de tems après cette exécution ces peuples furent affligés de la peſte : leurs terres devinrent ſtériles. Si ce ne fut pas là un effet du haſard ou des circonſtances , ce fut un grand miracle opéré par des Dieux imaginaires en faveur d'ESOPE. Cela eſt difficile à croire. Ne ſeroit-il pas plus raiſonnable de penſer que *Créſus* vengea la mort d'ESOPE, ſon envoyé , en cachant

la

la main qui les frappoit ? C'est sans-
doute ce roi qui opéroit le miracle , &
il est étonnant qu'on n'ait point recherché jusqu'ici comment on faisoit faire
des prodiges aux Dieux ; car sûrement
les Dieux ne les faisoient pas eux-mêmes. Ce qui confirme ma conjecture ,
c'est la réponse que l'oracle fit aux Delphiens lorsqu'ils le consultèrent sur la
cause de leur calamité. Il leur dit que
les Dieux les punissoient pour avoir
fait mourir injustement ESOPE. Cette
réponse avoit sans-doute été suggérée
par *Crésus* ou même par les Sages de
la Gréce , qui avoient été indignés du
crime des Delphiens ; car on sçait
qu'on faisoit dire à l'oracle tout ce
qu'on vouloit (*a*).

Touchés de cette calamité , les citoyens de Delphes envoyèrent dans
toutes les places publiques & assemblées générales des Grecs faire pro-
clamer au son de trompe , que s'il
y avoit quelque parent d'ESOPE qui
voulût avoir satisfaction de sa mort,
il n'avoit qu'à venir à Delphes deman-

______

(*a*) Voyez ci-devant l'histoire de *Lycurgue* , note
première.

Tom. I. H

der à fes habitans la réparation qu'il voudroit. Mais notre Philofophe n'avoit point de parens. A leur défaut un petit fils d'*Idamon*, dernier maître d'E-SOPE, en l'ifle de Samos, fe préfenta, & il exigea des Delphiens quelques fatisfactions qui lui furent accordées. A l'inftant leurs calamités ceſſèrent.

Le premier ufage qu'ils firent de leur tranquillité, fut dabord de remercier les Dieux de la grace qu'ils leur avoient faite, & enfuite de transférer le lieu du fupplice des facrilèges de la roche d'Hyampie à celle de Nauplie. *Planude* dit qu'ils y élevèrent une piramide. Mais il eft certain que les Athéniens lui dreſſèrent une ftatue, & pour rendre hommage au mérite d'ESOPE, & pour apprendre à tout le monde que la carrière de l'honneur eft ouverte à toutes fortes de perfonnes, & que la gloire eft le prix de la vertu, & non pas de la naiſſance. C'eft ce que *Phèdre* nous apprend dans la neuvième fable du fecond livre (a).

<hr>

(a) *Æsopo ingentem ſtatuam pofuere Attici,*
Servumque collocarunt æterna in baſi
Putere honoris fcirent ut cuncti in viam,
Nec generi tribui, fed virtuti gloriam.

On ne sait point à quel âge Esope est mort. Il y a lieu de croire qu'il étoit fort vieux. C'est encore un problême à résoudre, que celui du tems précis de sa fin. Ce Sage n'a laissé par écrit que ses fables : encore croit - on que le premier recueil de fables d'Esope, écrit en Grec, étoit l'ouvrage de *Planudes*, moine Grec du quatorzième siècle, déja cité dans cette vie. Or on le soupçonne d'avoir altéré les manuscrits originaux en substituant son stile, (qui n'est pas digne du siècle d'Esope) à celui de l'auteur, ou d'avoir fabriqué les fables qu'il a publiées sous un nom propre à les accréditer. *Fabricius* ne balançe pas de décider en faveur de cette fraude; & la raison qu'il donne pour appuyer son sentiment, c'est qu'il ne connoît aucun manuscrit d'Esope qui soit antérieur au tems de *Planudes* (a).

Il est sans-doute permis à ce Savant de croire cela; mais *Vossius* n'est point du tout de cet avis. Et le père *Monfaucon* a vu à Florence un manuscrit intitulé *Æsopi vita & ejusdem Fabulæ, ut*

____

(a) *Bibl. Gr.* tom. I. p. 400.

H 2

ante maximum Planudum extabant. Ce docte religieux avoit promis de donner une édition des Fables d'Esope, d'après ce manufcrit (a), & c'eft un grand malheur qu'il ne l'ait pas fait, car il nous auroit fauvé bien des difcours inutiles.

Sur le témoignage de *Fabricius*, plufieurs écrivains de nos jours ont douté de l'exiftence d'Esope. Cette opinion, fi ridicule en foi, s'eft pourtant accréditée dans ce tems où les paradoxes font fort à la mode. Il femble qu'un pareil fentiment ne mérite aucune forte d'attention. Cependant je préviens ceux qui, après avoir lu cette hiftoire d'Esope que je viens d'écrire, en feroient pas défabufés, je les préviens, dis-je, que pour croire raifonnablement que ce Philofophe eft un perfonnage factice, il faut qu'ils donnent un démenti formel à *Plutarque*, qui a parlé d'Esope dans la vie de *Solon*, & à *Diogène de Laerce*, qui fait converfer ce Sage avec *Chilon*; qu'ils blâment *Quintilien* pour avoir recherché fi Esope

____

(a) *Diar. Ital.* in-4°, p. 306.

étoit l'inventeur de l'apologue ; qu'ils se mocquent d'*Appollonius de Thiane*, qui a loué ce Sage comme ayant existé réellement ; qu'ils traitent *Aulu-Gelle*, *Voffius*, le Père *Monfaucon*, le Père *Vavaffeur*, M. *de Meffiriac*, *Bayle*, *Brucker*, MM. d'*Egli* & *Lebeuf* (a) , d'imbéciles, pour avoir vu fa vie, ou pour l'avoir écrite, ou pour lui avoir fait honneur de fes fables. Enfin il faut encore fuppofer que les fables d'Esope, qu'*Ariftote* nous a confervées, font de l'invention du prince des Philofophes, & prouver en même-tems, que cet homme refpectable eft un impofteur, qu'il avoit l'efprit de faire des fables, & la modeftie de les mettre fur le compte d'un autre. Et quand on aura fait tout cela, il reftera à nous apprendre comment les fables que *Planudes* a données font venues du ciel; car ce n'étoit point le talent de ce moine que de moralifer ; & s'il

______

(a) *Mém. fur les anciennes traductions en langue françoife. Mém. de l'Acad. des Infcrip.* tom. XVII. Voyez auffi le difcours qui fert de préface aux fables de M. *de la Motte*, les *Œuvres* de M. *Remond de Saint-Mard*, tom. IV. & le *Cours des Belles-Lettres diftribué par exercice*, par M. l'abbé *Batteux*.

avoit su le faire si bien, assurément il ne se seroit point dérobé la gloire d'une pareille invention.

D'ailleurs il ne seroit pas étonnant que le style d'Esope fût au-dessous de celui de son siècle. Malgré l'éducation que lui avoit donné *Xantus*, il n'avoit pas fréquenté assez la bonne compagnie, pour parler purement & écrire de même. Et lorsqu'il fut libre, & qu'il vint à la cour de *Créfus*, il étoit déja avancé en âge. Il est possible qu'on ait beaucoup d'esprit & même qu'on soit grand Philosophe, & qu'on n'écrive ni avec pureté, ni avec élégance. Le style est moins le fruit du génie, que celui de l'usage d'un monde poli & délicat.

ANACHARSIS.

ANACHARSIS.[*]

LES Philosophes qui se distinguèrent le plus après les sept Sages de la Grèce, & le moraliste ingénieux dont on vient de lire l'histoire, sont ANACHARSIS, *Epiménide* & *Phérécide*. Ces trois hommes de mérite terminèrent les premiers progrès de la Philosophie, depuis les Egyptiens jusqu'à *Xénophane*.

ANACHARSIS nâquit Schyte. Son père, dont on ignore l'origine, s'appelloit *Gnarus* : il avoit épousé une femme Grecque, qui lui avoit donné un autre fils, lequel étoit roi de Schytie. On ne sait point comment cet autre fils avoit été roi. L'histoire nous apprend seulement que les Schytes étoient des peuples du septentrion, qui n'avoient point de demeure fixe, & qui menoient leurs bagages & leurs familles dans des chariots qui leur ser-

* *Diogène de Laerce*, tom. I. *Thomæ Stanleii*, Histor. Phil. p. 88. *J. Brukeri*, Hist. crit. Phil. tom. I. *Diction. Hist. & crit. de Chaufepié*, art. *Anacharchis*, &c.

H 4

voient de maifons. Ils vivoient de lait
& de miel, & fe couvroient de peaux
au lieu d'habits. C'étoient des efpè-
ces de fauvages d'un caractère dur &
farouche, & qui, par conféquent,
ne mettroient aucun agrément dans le
commerce de la vie.

ANACHARCHIS fe reffentit dabord
de l'éducation de fes parens; mais ayant
appris la langue Grecque de fa mère,
il vint perdre cette dureté chez les
Athéniens, qui étoient alors les hommes les plus polis de l'Univers. On
croit qu'il alla à Athènes vers la cinquième olympiade, c'eft-à-dire, environ 546 ans avant *Jefus-Chrift*. Il chercha, en arrivant, à faire connoiffance
avec les Sages, qui fe rendoient fouvent dans cette ville célèbre ; alla
dabord chez *Solon*, & fe l'attacha par
une réponfe également vive & fenfée,
comme on l'a vu dans l'hiftoire de
Solon, à laquelle je renvoye. Ce Sage
l'inftruifit de la manière de vivre des
Grecs, le mena chez les perfonnes les
plus diftinguées d'Athènes, & n'oublia rien pour lui donner des marques
d'une véritable eftime & d'un fincère
attachement.

ANACHARCHIS eut bien de la peine à s'accoutumer à la façon de vivre des Philosophes, qui le trouvoient un peu grossier dans les manières, quoiqu'ils le reconnussent vrai & naturel. Il connoissoit, outre cela, les plaisirs de la table; & ce n'étoient point les plaisirs des Sages, parce qu'ils pensoient que l'esprit perd toujours de ce qu'on donne de trop au corps; mais ANACHARCHIS avoit été élevé bien autrement qu'eux. Les Schytes étoient de grands débauchés : ils passoient plusieurs heures du jour à table, & ils ne prenoient aucune résolution sur quoique ce fût, qu'après s'être livrés à cette joie bruyante, que produit l'excès de la débauche.

Cependant, à mesure que notre Philosophe fit des progrès dans la voie de la sagesse, il se défit insensiblement de cette rusticité ou brutalité de mœurs. La philosophie changea, ou du moins réforma son tempérament, au point qu'il trouvoit étrange que les Grecs se servissent de petits gobelets au commencement du repas, & qu'ils en prissent de plus grands à la fin. *Diogène Laerce* lui attribue même cette vérité

que *Planudes* a mis dans la bouche
d'*Esope*, comme on l'a vu ci-devant :
savoir, que la vigne porte trois fortes de fruits, le plaisir, l'ivrognerie
& le repentir. Ce qu'il y a de certain,
c'est que quelqu'un lui ayant deman-
dé quel moyen il estimoit le plus propre à se préserver de l'ivrognerie, il
répondit, que *c'étoit de se représenter*
les infamies que commettent les ivrognes.
Un autre Grec, dans la vue de le rail-
ler sur le lieu de sa naissance, lui dit,
y a-t-ils des flutes dans votre pays ?
Non, répliqua notre Sage, *il ne s'y*
trouve pas même des vignes. Enfin un
troisieme lui reprocha un jour qu'il
étoit Schyte ; *je sais*, lui dit-il, *que*
ma patrie ne me fait point honneur, mais
vous faites honte à la vôtre.

ANACHARCHIS s'attiroit ces reproches par l'amertume avec laquelle il
censuroit la conduite des Grecs. Il
blâmoit hautement tout ce qu'il trouvoit repréhensible chez eux. Il disoit
que tous les Grecs étoient des Schytes
pour lui. *Pourquoi*, leur crioit il aussi,
punissez vous ceux qui injurient quelqu'un,
& que vous honorez les Athlètes qui
s'entretuent ? Et comme les Athlètes

s'oignoient d'huile avant le combat,
il difoit que l'huile étoit un reméde
néfrétique.

Dans les beaux jours de la Grèce,
il étoit permis de dire la vérité toute
nue aux habitans de cette belle partie
du monde. Le ton ne faifoit de rien à
la chofe, pourvu que l'efprit y gagnât.
Auffi les Grecs les plus diftingués n'en
accueillirent pas moins gracieufement
notre Philofophe, quoiqu'il leur parlât
durement : ils firent plus, ils lui accordèrent une faveur qu'ils n'avoient accordé à aucun étranger ; ce fut de le
recevoir au nombre de leurs citoyens.
Sans-doute que la recommandation de
Solon avoit beaucoup fervi à lui procurer cette diftinction ; mais il faut convenir auffi qu'ANACHARCHIS méritoit
d'être remarqué parmi les autres
étrangers qui venoient à Athènes.

En effet, il avoit l'efprit vif & pé-
nétrant, & fon éloquence étoit mâle
& nerveufe. Il s'exprimoit d'une manière concife & preffante. Enfin on
peut affurer qu'à Athènes perfonne ne
parloit mieux que lui : auffi pour dire
que quelqu'un parloit bien, on difoit
qu'il parloit à la Schyte.

Sa manière de vivre n'étoit pas moins louable que son éloquence. Il avoit si bien réformé ses premières inclinations, qu'il étoit devenu fort sobre, & ne vivoit que de lait & de fromage. *Stanley* rapporte une lettre qu'il écrivoit à *Hannon*, où il dit que la peau durcie de ses pieds lui sert de semelle de soulier ; que la terre est son lit & que son seul appétit assaisonne ses mets. Quant à son ame, elle étoit de la meilleure trempe. Rien ne le rebutoit ; & lorsqu'il entreprenoit quelque chose, il en venoit toujours à bout. Il aimoit extrèmement la poésie, tellement qu'il composa un poëme de huit cens vers sur la guerre, sur les loix de son pays, & sur celles des Grecs, relativement à leur sobriété.

Il est triste assurément que ce poëme soit perdu, ou du moins que nous n'en ayons point de fragmens. A en juger par la vie de l'Auteur, la morale en devoit être belle. Elle lui procura aussi une grande réputation, laquelle parvint aux oreilles de *Crésus*, qui, jaloux de connoître tous les Sages, lui écrivit pour l'inviter à l'aller voir ; & afin de lui en faciliter les moyens, il lui

offrit de l'argent. ANACHARCHIS répondit à ce prince qu'il étoit venu en
Grèce pour s'inſtruire, qu'il n'avoit be-
ſoin ni d'or, ni d'argent, & que ſon
deſſein, en voyageant, n'avoit été
que de retourner chez lui plus ſavant
& plus vertueux. Il ajouta, en finiſſant,
qu'il ne refuſoit point de ſe rendre à
ſon invitation, & qu'il regardoit comme un grand avantage de mériter ſon
eſtime.

Le deſir d'acquérir la ſageſſe étoit
ſi ardent, qu'après avoir épuiſé tous
les moyens que ſon eſprit avoit pu lui
ſuggérer, notre Philoſophe alla con-
ſulter Apollon, pour ſavoir s'il y avoit
dans le monde quelqu'un de plus ſage
que lui : curioſité bien belle & bien
philoſophique. Apollon lui répondit,
« je te declare que *Myſon* (a), l'Æ-
» téen, natif de Chénée, eſt plus ſa-
» ge que toi ». Sur le champ ANA-
CHARCHIS réſolut de connoître ce
Sage. Il ſortit d'Athènes, & ſe rendit
à ſon village. Il le trouva qu'il rac-

____

(a) Voyez le précis de la vie de *Myſon*, au commencement de l'hiſtoire d'*Éſope*.

commodoit le manche de sa charrue :
c'étoit en été. *Myson*, lui dit-il, ce
n'est pas à présent la saison de labou-
rer; c'est, répondit le Sage de Chénée,
celle de s'y préparer.

On ne sait point si notre Philosophe
demeura long-tems avec *Myson*, ni
sur quels sujets ils s'entretinrent. Il y
a lieu de penser, qu'en le quittant,
ANACHARCHIS se disposa à retourner
en Schytie.

En passant par Cysique, il trouva
les habitans de cette ville occupés à
solemniser la fête de la mère des
Dieux. Ce spectacle le frappa : la fer-
veur de ces habitans, dans cette fête,
fit une telle impression sur son cœur,
en faveur de cette Déesse, qu'il fit
vœu de lui faire les mêmes sacrifices,
& de lui rendre le même honneur,
s'il arrivoit heureusement dans sa patrie.

Cet engagement n'étoit point du
tout Philosophique. C'étoit se lier fort
imprudemment, pour une chose qu'il
savoit n'être nullement agréable en
Schytie. Mais ce ne fut pas là le plus
grand tort qu'il eut avec les Schytes.
Estimé universellement de toutes les

perfonnes éclairées, jouiſſant de la réputation la plus étendue, il crut avoir le droit de ſe rendre utile à ſes compatriotes. A cette fin, il voulut abolir les anciennes loix des Schytes, & y ſubſtituer celles des Grecs.

Ce projet déplut extrêmement à ces Peuples accoutumés à une vie errante & vagabonde. Leur roi craignit même que cette entrepriſe ne portât atteinte à ſon autorité; il réſolut de ſe défaire ne notre Sage, & le fit épier, afin de profiter de la première occaſion favorable à ſon deſſein.

Un jour ANACHARCHIS s'étant retiré dans une forêt épaiſſe, du pays d'Hylée, pour s'acquitter, le plus ſecrétement qu'il lui feroit poſſible, du vœu qu'il avoit fait à Cybele, comme il étoit devant l'image de cette Déeſſe avec un tambour à la main, ſuivant les cérémonies preſcrites à ſon culte, il fut découvert par un Schyte, qui alla en informer le roi. Ce prince ſe rendit à l'inſtant ſur le lieu, ſurprit notre Philoſophe au milieu de la cérémonie, & lui décocha une flèche. Le coup fut mortel, & ANACHARCHIS en expirant, s'écria : *J'ai vécu pai-*

fiblement & fans danger en Grèce , où j'étois allé m'inftruire , & l'envie me donne la mort dans ma patrie.

Diogène de Laerce dit que ce fut fon frère qui le tua. Si cela eft , ce frère étoit roi des Schytes, & s'appelloit *Saulius* : ce qui eft fort probable ; car *Hérodote* prétend qu'ANACHARCHIS étoit de la famille d'*Indathyrfe* , roi de Schytie , par conféquent *Saulius* , roi actuel de Schytie pouvoit être fon frère (a). Cet hiftorien dit encore que c'eft à notre Philofophe qu'on doit l'invention des allumetes. On lit dans *Diogène de Laerce* qu'il a aufli inventé le crochet & la roue des Potiers ; mais *Diogène de Laerce* fe trompe ; car *Homère* , qui vivoit long-tems avant ANACHARCHIS , parle de cette dernière invention.

Notre Philofophe s'étoit marié. Il avoit époufé une femme qui étoit affez laide. Quelqu'un , qui buvoit un jour chez lui , lui dit , en regardant cette femme ANACHARCHIS vous avez époufé une femme qui n'eft pas

______

(a) *Hérodot.* l. IV.

belle: *Je le sais bien*, lui répondit son convive, *mais je mets moins d'eau dans mon vin.*

C'étoit sur-tout à table que notre philosophe déridoit son front. Il égayoit agréablement sa morale, & toutes ses reparties avoient de la finesse & de la vivacité. Dans un festin où l'on avoit fait venir un bouffon, pour divertir les convives, lui seul garda son sérieux. On apporta un singe, qui amusoit par mille singeries, & il se mit à rire. *Cet animal*, dit-il, *est drole & ridicule naturellement*, & *cet homme ne l'est que par artifice.*

M. *Huet*, Evêque d'Avranches, fait dire à ANACHARCHIS qu'il n'y avoit aucune règle ou *criterium* de vérité, ou que l'homme ne pouvoit rien comprendre; & il prétend qu'il a repris ceux des Grecs, qui étoient d'un sentiment opposé (a); mais cela est avancé sans preuve, & seulement supposé, pour soutenir le système de la foiblesse de l'esprit humain, sur laquelle M. *Huet* a écrit, & qu'il vouloit étayer.

(a) *Traité Philosophique de la foiblesse de l'esprit humain.* p. 100.

Notre Philosophe n'avoit point de principe général de morale. Il est plus connu par ses bons mots, que par ses préceptes. Les seuls du moins qui soient parvenus jusqu'à nous, sont ceux-ci.

I. Le prince qui est sage est heureux. Et la ville la mieux réglée, est celle où toutes choses sont égales, & où la vertu est heureuse & le vice malheureux.

II. Il faut régler la parole, la gourmandise & l'amour.

III. Il vaut mieux n'avoir qu'un ami qui soit digne de l'estime de tout le monde, que d'en avoir plusieurs qui ne méritent l'estime de personne. C'est ainsi que *Diogène Laerce* rend ce second précepte. M. *Chaufepié* ne le traduit pas ainsi. Il veut que la pensée d'A-NACHARCHIS soit celle-ci : « Il vaut » mieux n'avoir qu'un seul ami, pourvu » qu'il soit fidèle, que d'en avoir plu-» sieurs qui changent avec la fortune ».

Cela est un peu différent. Il y a ici deux préceptes pour un, tous deux également bons.

A l'égard de ses bons mots, on en a vu quelques-uns dans l'histoire de sa vie. Voici les autres dont je n'ai pas eu occasion de parler.

Confidérant un jour l'épaiffeur du bordage des vaiffeaux, il dit, *il n'y a que quatre doigts de diftance entre la vie & la mort* de ceux qui voyagent fur mer. On lui demanda là-deffus quels étoient les vaiffeaux les plus sûrs : *ceux qui font à terre*, répondit-il. Une autre fois quelqu'un le pria de lui dire fi le nombre des vivans furpaffoit celui des morts ; & il répondit : *Dans quelle claffe rangez-vous ceux qui font fur mer ?*

Un jeune homme l'ayant infulté dans un repas, notre Philofophe lui dit : *Jeune homme fi vous ne pouvez porter le vin à votre âge, vous porterez de l'eau quand vous ferez vieux.* Il difoit que les marchés étoient des lieux deftinés à autorifer la fupercherie. On veut auffi qu'il ait foutenu que la langue étoit ce que l'homme avoit de bon & de mauvais : mot rebatu, qu'on a attribué à *Efope*. Il eft vrai que pendant qu'il dormoit, il avoit toujours la main fur fa bouche, pour marquer qu'il n'y a rien fur quoi l'on doive veiller d'avantage, que fur la langue : expreffion muette, plus éloquente que la parole.

J'ai dit dans l'hiftoire de *Solon*, qu'il comparoit les loix à des toiles d'araignées, & je dois ajouter ici qu'il se moquoit de ce légiflateur, qui prétendoit réprimer les paffions humaines par des écrits; mais peut-être n'avoit-il pas raifon; car les écrits font des inftructions qui avertiffent les hommes des écarts auxquels les paffions les expofent, & qui par-là peuvent les corriger, parce qu'un homme averti, eft toujours fur fes gardes.

Diogène de Laerce a fait l'épitaphe de notre Philofophe, qui n'eft point merveilleufe. C'eft le récit de la manière dont il eft mort. ANACARCHIS, dit cet hiftorien dans cette épitaphe, voulut perfuader aux Schytes de vivre à la Grecque, & il fut tué par une fléche.

EPIMÉNIDE.

EPIMÉNIDE. *

EPIMÉNIDE étoit Crétois : on ne fait point exactement dans quelle ville il vit le jour. *Diogène de Laerce* dit qu'il nâquit à Gnosse , & *Strabon* prétend que c'est à Phœste. On n'est pas moins partagé sur le nom de ses parens, que sur le lieu de sa naissance. Quelques historiens lui donnent pour père *Dosias* , & d'autres *Agesarque*. Sa mère se nommoit *Blasta*. C'étoient d'honnêtes gens, qui passoient à la campagne une partie de l'année , où ils avoient des brebis. Un jour une brebis s'étant égarée, ses parens l'envoyèrent courir après elle. EPIMÉNI-DE trouva la brebis ; mais au-lieu de retourner chez lui , il se détourna de son chemin , entra dans une caverne , & s'y endormit.

Il étoit fort jeune alors , & il se

* *Diogène de Laerce* , l. 1. *Thom. Sstanleii* , *Hist. Philos.* p. 80. *Jacq. Brukeri* , *Hist. crit. Philos.* tom. I. *Diction. Histor. & crit. de Chaufepied* , art. *Epiménide*,

trouva vieux lorsqu'il se réveilla ;
car il demeura endormi cinquante-sept
ans dans cette caverne. Lorsqu'il en
sortit, il fut fort surpris de voir la
face de la terre changée entièrement.
Il ne le fut pas moins, quand arrivé
à la terre de son père, il trouva qu'elle
avoit changé de maître. Il alla le chercher dans la ville de Gnosse ; mais
lorsqu'il voulut entrer dans sa maison,
il eut bien de la peine à se faire reconnoître par son jeune frère, qui
étoit déjà un vieillard, & qui l'instrui-
sit du tems qu'il avoit dormi, & des
changemens qui s'étoient faits depuis
son absence.

C'est ainsi que tous les historiens de la
Philosophie rapportent ce sommeil mi-
raculeux sans doute, mais aucun ne le
croit. *Diogène de Laerce*, de qui on le
tient, avoue que les personnes les plus
sensées pensent que ce sommeil est une
invention politique d'EPIMÉNIDE,
afin de se faire passer pour un homme extraordinaire, & que pendant
ces cinquante-sept ans qu'il vécut dans
la solitude, & loin du commerce des
hommes, il voyagea, & cultiva la
botanique, pour l'étude de laquelle

il avoit eu une difposition naturelle.

Ce qu'il y a de certain, c'eft qu'il n'eft pas poffible qu'un homme vive cinquante - fept ans fans prendre de nourriture. Auffi un Jéfuite affez connu, nommé *Martin Delrio*, a recherché fi, par la puiffance des génies, un homme peut dormir plufieurs années de fuite, & il a conclu en faveur du diable, dont il a développé les droits & les prérogatives (*a*). Par ce moyen ce long fommeil d'Epiménide eft croyable. Il ne s'agit plus que de faire voir que le diable a ce pouvoir - là ; & c'eft ce qui refte encore à prouver.

C'étoit auffi fans doute par la puiffance du diable qu'Epiménide commandoit à fon ame de fortir de fon corps, & d'y rentrer quand il le vouloit ; car ce fait n'eft pas plus croyable autrement que le fommeil de cinquante -fept ans.

Voilà un début qui n'annonce pas un Philofophe. Rien n'eft plus oppofé à la Philofophie que le charlatanifme ; & ces deux premiers traits de la vie

---

(*a*) *Difquif. Magn.* l. II.

d'EPIMÉNIDE, font de véritables traits de charlatanerie. Cependant cette avanture s'étant répandue par toute la Grèce, chacun regarda notre philofophe comme le favori des Dieux.

Perfuadés qu'ils ne lui refufoient rien de ce qu'il pouvoit défirer, les Athéniens crurent que lui feul pouvoit les délivrer de la pefte, qui faifoit chez eux un ravage affreux. Ils avoient confulté l'oracle à ce fujet, & l'oracle leur avoit répondu qu'il falloit purifier folemnellement leur ville, s'ils vouloient faire ceffer ce fléau. La queftion étoit de favoir comment on devoit faire cette purification; & ce fut pour cela qu'ils invoquèrent EPIMÉNIDE.

Ils lui députèrent *Nicias*, pour le prier de venir faire l'expiation demandée par l'oracle. Notre Philofophe fe rendit à leur invitation. Arrivé à Athènes, il fe fit amener des brebis blanches & des brebis noires, qu'il conduifit lui-même dans l'Aréopage. Il les abandonna là à elles-mêmes, les laiffant aller par-tout où elles voulurent. Il les fit fuivre, & ordonna à ceux qu'il avoit choifis pour cela de

les

les immoler à la divinité tutélaire du
lieu où elles s'arrêteroient. A peine
ces sacrifices eurent été faits, que la
peste cessa.

On voyoit encore, lors du tems
de *Diogène de Laerce*, dans plusieurs
bourgs de l'Attique, des autels sans
nom, consacrés en mémoire de cette
expiation. *Brodeau* & *Bése* croient
que ce sont ces autels, dont parle
S. Paul, dans son discours aux Athéniens; mais est-ce à ces immolations
qu'on doit attribuer la cessation de la
peste? Si le peuple d'Athènes le pen-
soit, les hommes éclairés savoient
sans doute que la cause de ce fléau
n'avoit aucun rapport avec des brebis
noires & des brebis blanches. Ils connoissoient la valeur de leurs Dieux, &
EPIMÉNIDE auroit été bien fou, s'il
eût cru qu'en égorgeant des bêtes, il
auroit détruit la peste. C'étoit déja
être assez peu sage que de le faire accroire. La peste cessa, parce qu'il y
avoit long-tems qu'elle duroit.

Cependant les Athéniens persuadés
qu'ils lui devoient leur salut, lui rendirent de grands honneurs, & lui offrirent des présens magnifiques. Mais

EPIMÉNIDE ne voulut accepter qu'une
branche d'olivier, & n'exigea d'eux,
pour marque de leur reconnoiſſance,
que de bien vivre avec les Gnoſſiens.
On lui accorda ſa demande, & on le
fit reconduire en Crète ſur un vaiſſeau.
Avant que de partir, notre Philoſophe donna des avis à *Solon* pour l'é-
tabliſſement de ſes loix. Il étoit à peine
arrivé dans ſa patrie, qu'il y mourut
âgé de cent cinquante-ſept ans, ſelon
Plagon, & de deux cent quatre-vingt-
dix ans, ſi l'on en croit ſes compatriotes.

La durée de cette vie eſt preſque
auſſi merveilleuſe que le ſommeil de
cinquante-ſept ans ; & en général l'hiſtoire d'EPIMÉNIDE eſt un peu fabu-
leuſe. On diroit que c'eſt un perſon-
nage factice. Il faut que les preuves
de ſon exiſtence ſoient auſſi completes
qu'elles le ſont, pour croire qu'il y a
eu un EPIMÉNIDE. Ce qu'il y a ici
d'étonnant, c'eſt qu'on ait négligé d'é-
claircir tous ces points merveilleux
de ſa vie. Ce Philoſophe a bien pu
avoir la foibleſſe de vouloir en impoſer
au peuple ; mais les Sages de la Grèce
& *Solon* en particulier, qui étoit de-

venu fon ami, devoient favoir le fecret de l'énigme. Et comment ces hommes, qui aimoient la vérité, & qui la
difoient fi hardiment, ont-ils pu laiffer accréditer des chofes fi ridicules ?
Se feroit-on fait un plaifir d'amufer le
public par des contes controuvés ?
ou s'en eft-on uniquement rapporté
à la tradition populaire, lorfqu'on a
écrit les mémoires de la vie de notre
Philofophe ?

Voilà des problèmes difficiles à réfoudre, dont dépend cependant la connoiffance véritable d'EPIMÉNIDE. J'au-
rois bien defiré fatisfaire le public à
cet égard, & j'ai fait pour cela des
recherches pénibles ; mais il fe peut
que je n'aie point trouvé les pièces
effentielles à l'éclairciffement de tous
ces points, quoique ces pièces exif-
tent. Il faudroit avoir peut-être fous
les yeux des manufcrits & des monumens qui ne font connus que de ceux
qui les poffèdent.

Quoi qu'il en foit, on attribue à notre Philofophe une généalogie des
Curètes & des Corynbantes, un poëme de cinq mille vers fur la génération des Dieux ; un de fix mille fix cens

vers fur la conftruction du vaiffeau des Argonautes, & fur le voyage de Jafon dans la Colchide ; un difcours en profe fur les facrifices, & fur la république de Crète ; un ouvrage poétique de quatre mille vers, touchant Minos & Rhadamante, & un traité intitulé, *Oracles & Réponfes*. Il eft le premier qui a purifié les maifons, & qui a élevé des temples. Un jour qu'il confacroit un temple aux Nymphes, il entendit une voix qui lui dit, EPIMÉNIDE ne dédie point ce temple *aux Nymphes, mais à Jupiter*. C'étoit fans-doute un mortel bienheureux que ce Philofophe. Il ne faifoit rien que les Dieux n'y priffent intérêt. Il eft comme leur confident & leur favori. Auffi les habitans de Crète le déifièrent après fa mort, & lui offrirent des facrifices.

Ce qui lui procura fon apothéofe, ce fut fes prophéties. Il avoit prédit aux Lacédémoniens qu'ils feroient foumis par les Arcadiens, & cette prédiction eut fon effet. Ayant vu Manychie, ville & port de l'Attique, il dit que les Athéniens ignoroient combien de maux ce lieu leur

cauferoit, & que s'ils le favoient,
ils le détruiroient *avec les dents*; &
cela arriva comme il l'avoit prévu.
Un autre fois les Athéniens étant ef-
frayés de la marine Perfane, notre
Philofophe affura qu'ils n'avoient rien
à craindre de plufieurs années, &
que lorfque les Perfes les attaque-
roient, ils feroient obligés de s'en retourner avec perte; ce qui s'accom-
plit par les batailles de Marathon &
de Salamine.

Il avertit auffi les Lacédémoniens
de l'échec terrible qu'ils fouffriroient
de la part des Arcadiens, & qu'ils
éprouvèrent en effet quand *Euricrate*
& *Archidamus* régnèrent à Lacédémone.

Tout cela parut fi merveilleux, que
les anciens lui donnèrent la qualité
de prophête. A leur exemple, *Platon* l'appelle un homme divin; *Cicéron* le repréfente comme un habile
devin; & faint Paul le qualifie de
prophête. Ce ne font affurément pas
là les qualités d'un Philofophe; mais
EPIMÉNIDE n'en a pas d'autres;
& on eft toujours étonné de voir

qu'un homme ait mériré le nom de
fage , parce qu'il paffoit pour for-
cier. On a dit que la nature ne faifoit point en lui fes fonctions ordinaires , & qu'on ne le vit jamais manger ; ce qui eft encore plus extraordinaire que le talent qu'il avoit de
prédire l'avenir.

Les Lacédémoniens gardèrent foi-
gneufement fon corps , par l'avis d'un
oracle. Long-tems après , ce même
corps ayant été déterré , on trouva
que la peau étoit toute remplie de
caractères : ce qui donna lieu à ce
proverbe : *la peau d'Epiménide* , en
parlant des chofes mifes en réferve.

Diogène de Laerce rapporte une
lettre d'EPIMÉNIDE à *Solon* , fur
le gouvernement établi par Minos ,
en Crète ; mais il croit avec raifon
que c'eft une lettre fuppofée. Cette
lettre eft , dit-on , une réponfe à une
lettre de *Solon* à EPIMÉNIDE ,
qui eft pour le moins auffi équivoque que l'autre. Il y a affez de chofes hafardées dans la vie de ce Philofophe , fans y ajouter des faits controuvés. Ceux qui n'ont pas mis *Pé-*

riande au nombre des sept Sages , y ont placé EPIMÉNIDE : apparemment parce qu'il étoit grand poète ; car la qualité de poëte valoit en ce tems-là la qualité de sage , comme je l'ai déja remarqué.

PHERECYDE

PHÉRECIDE. *

VOICI le dernier Philofophe qu'on met à la fuite des fept Sages de la Grèce, qui termine le premier âge, ou la première époque de la Philofophie. Son père s'appelloit *Badys*. Il nâquit à Syrus, l'une des ifles des Cyclades, vers la quarante cinquiéme olympiade, c'eft-à-dire, environ cinq cens quarante ans avant J. C. Il fut difciple de *Pittacus*. Il montra dès fon enfance beaucoup de difpofition pour l'étude. Aux inftructions qu'il recevoit de *Pittacus*, il joignit celles qu'on puife dans de bons livres. Il fe fit ainfi un grand fond de connoiffances, dont il fut bien tirer parti dans le cours de fa vie.

Tous les ouvrages des Philofophes étoient écrits en vers : PHERÉCIDE blâma cette forme d'inftruction. Il comprit que les contraintes de la poéfie gênoient inutilement des dif-

___

* *Diogène de Laerce*, l. I. *Thom. Stanleii. Hiſ̣. Philof. Jacq. Brukeri*, *Hiſ̣. crit. Philof.* l. I. &c.

I 5

cours déja affez épineux par eux mêmes. Il réfolut de n'écrire qu'en profe,
& il faut avouer qu'il a rendu un vrai
fervice aux hommes, en traitant la
Philofophie de la manière la plus noble & la plus convenable à l'objet de
cette vafte fcience.

Il eft le premier qui ait écrit fur la
nature & fur les Dieux. C'eft ce que
nous apprend *Théopompe*, fans nous
donner aucune nouvelle de fon ouvrage, de forte que nous en ignorons &
le fond & la forme. *Cicéron* doute
même que cette ouvrage ait exifté. Il
ne confidère PHERÉCIDE que comme Phyficien, parce qu'il prétend
que toutes les merveilles qu'il a
opérées, font le fruit de fes connoiffances fur la Phyfique, quoique les
Grecs en aient penfé autrement.

Le premier prodige qu'on lui attribue, c'eft d'avoir prédit un tremble-
ment de terre, après avoir bu de l'eau
d'un puits extrêmement profond. *Cicéron* penfe que le goût de l'eau altéré par la fermentation qui avoit lieu
actuellement dans les entrailles de la
terre, pouvoit bien avoir fait foup-
çonner cet événement à notre Philo-

fophe, & cette raifon eft affez bonne.
C'eft réduire à un effet naturel, à une
fimple connoiffance phyfique, une
chofe qu'on regardoit à tort, fans
doute, comme une révélation.

Un jour, en fe promenant à Samos au
bord du rivage, il apperçut un vaiffeau qui voguoit à pleines voiles, &
en examinant avec attention le mouvement du vaiffeau, il prédit qu'il alloit faire naufrage; en effet le vaiffeau
échoua bientôt fous fes yeux. Les
fpectateurs crièrent à l'inftant au miracle, quoiqu'il n'y ait rien de plus naturel de connoître que par un mouvement irrégulier d'un vaiffeau par un tan-
gage & un roulis violent, qu'il eft prêt
à périr.

Il prédit encore à *Périlaus*, chez
qui il logeoit, le malheur qui lui arri-
veroit, s'il ne quittoit fa maifon & fon
pays avec toute fa famille. *Périlaus* né-
gligea cet avis, & il fut enveloppé
dans la prife de Meffène.

Rien n'annonce encore dans PHE-
RÉCIDE ni un favant, ni un Philofophe; & ce qu'il y a de plus extraordinaire c'eft que la fuite de fa vie n'offre aucun trait intéreffant. Apres avoir

lu les ouvrages des écrivains de la Philofophie, on eft étonné que cette homme tienne un rang diftingué parmi les Philofophes les plus célèbres de l'antiquité.

C'étoit la fuperftition, fille de l'ignorance, qui avoit donné à PHERÉCIDE la réputation dont il jouiffoit parmi les Grecs. Comme ils appelloient Sages ceux qui opéroient des prodiges, & que notre Philofophe paffoit pour en avoir fait, on avoit pour lui les fentimens les plus hauts d'eftime & de vénération. En parlant des perfonnes célèbres en Grèce, on a donc dû faire mention de PHERÉCIDE, & cette célébrité a tranfmis fon nom jufqu'à nous.

Indépendamment des faits dont j'ai parlé, *Diogène de Laerce* rapporte un trait bien merveilleux, qui véritablement n'ajoute rien au mérite de PHERÉCIDE, mais qui fervoit beaucoup à fortifier la grande opinion que les Grecs avoient du favoir de ce Philofophe. Il dit qu'Hercule lui ordonna en fonge de recommander aux Lacédémoniens de ne faire cas ni de l'or ni de l'argent, & que cette même nuit Her-

cule commanda aux Lacédémoniens
de croire à PHERÉCIDE. Mais ces vi-
fions ne doivent point figurer dans l'hiftoire d'un fage, dont toutes les actions
font toujours conduites par la raifon &
réglées par la vérité.

On a écrit que notre Philofophe
étant devenu vieux, tomba dangé-
reufement malade; que les vermines
le confumèrent; que *Pythagore*, qui
avoit été fon difciple, s'étant rendu
chez lui pour favoir des nouvelles de
fa fanté, PHERÉCIDE, qui s'étoit en-
fermé, paffa fon doigt hors de fa
porte, & lui dit: *Pythagore, la peau le
montre.* On ajoute qu'il fouffrit long-
tems; qu'il fut tranquille fpectateur
de fa mort; qu'il ordonna lui-même
les apprêts de fes funérailles; & que
Pythagore ne reprit le chemin de fon
pays qu'après lui avoir rendu les derniers honneurs, en l'inhumant dans
l'ifle de Délos. Mais tous les hiftoriens ne conviennent point que PHE-
RÉCIDE ait ainfi terminé fa carrière.

Il en eft qui difent, avec *Hermippe*,
que ce Philofophe defirant que les
Éphéfiens, qui étoient en guerre, rem-

portassent la victoire , pria un homme d'Ephèse qu'il rencontra de le traîner par les pieds jusqu'aux terres des Magnésiens, & d'engager ses concitoyens , lorsqu'ils se seroient rendus maîtres du champ de bataille, de l'enterrer dans le lieu, où ils l'auroient laissé. C'est en effet ce qu'exécuta cet Ephésien. Il fit part a ses compatriotes de la mort de PHERÉCIDE, la veille du jour que les Magnésiens furent vaincus, & dans l'instant les Ephésiens se transportèrent au lieu où il l'avoit laissé, & l'y ensevelirent avec beaucoup de pompe.

Enfin quelques Erudits soutiennent que notre Philosophe étant allé à Delphes , se précipita du haut du mont Loryce.

Diogene de Laerce dit qu'on mit sur son tombeau l'épitaphe suivante: « En » moi finit la sagesse ; s'il y en a da- » vantage il faut la donner à *Pythagore* , » que je reconnois pour le premier » des Grecs ». C'étoit louer PHERÉCIDE beaucoup plus qu'il ne le méritoit. Ce même historien rapporte deux autres épitaphes qui lui conviennent mieux. On dit dans la première « qu'il

» fonda les mœurs, & qu'il étudia le gé-
» nie des hommes ». La seconde qui est
de *Diogène de Laerce*, n'est que le
précis de sa mort, telle que *Hermippe*
l'a rapportée, ainsi qu'on l'a vu ci-devant, & l'auteur en conclud que « le
» véritable sage n'est pas seulement
» utile pendant sa vie, mais qu'il l'est
» encore après sa mort ».

On attribue à ce Philosophe une
lettre à *Thalès*, par laquelle il le
prie de publier ses écrits, s'il les juge dignes d'être lus. Mais *Saumaise* a
prouvé que cette lettre étoit supposée.

A l'égard de sa doctrine, elle n'est
guères connue. M. *Bruker* a tâché de
la réduire en système ; mais les idées qui
forment ce système, sont si vagues &
si peu liées, qu'on ne conçoit pas trop
la pensée de PHERÉCIDE. Il y a lieu
de croire qu'il n'en avoit pas d'autre
système que celui que les Grecs
avoient apporté d'Egypte.

Il disoit à peu près comme eux, que
Jupiter étoit le tems, & que la terre,
dans son origine, étoit un monceau
de boue sans mouvement & absolu-

ment paffive. Jupiter lui donna la vie, & enfuite détermina le cours des aftres, qui étoient errants dans l'efpace. Et comme Jupiter eft le tems, c'eft le tems qui a fait cet ouvrage. Ainfi Jupiter, le tems & le chaos, c'eft-à dire, la matière du monde, font un feul & même être.

Il fuit de-là que Jupiter eft toujours occupé; car on ne peut concevoir le tems fans le mouvement, parce que le mouvement fixe fon exiftence, ou du moins peut feul la faire connoître. Mais fi Jupiter agit, il faut que l'être, fur lequel il agit, réfifte à fon action, afin que cette action foit quelque chofe de réel. Il y a donc dans la nature action & réaction, ou autrement un amour & une haine, fuivant l'expreffion des anciens. Jupiter eft l'amour, & la matière eft la haine ou la réfiftance.

C'eft cet amour répandu dans l'Univers, qui a produit tous les êtres, & c'eft encore lui qui a engendré les différens Dieux qui peuploient le ciel dans le tems fabuleux.

Ce fyftême eft enveloppé fous

l'allégorie du chêne qui, par sa dureté, figure l'éternité de la matière; & cette allégorie a fort exercé les Savans, quoique le mot de l'énigme ne vaille pas la peine du travail.

Fin du I. Volume.

Fautes à corriger.

PAGE x, ligne 1, à *lisez* de.
Page xlix, ligne 13, le, *lisez* ce.
Page lvij, ligne 11, Tel, *lisez* Telle.
Page lxij, ligne 16, estimant, *lisez* estime.
Page 51, ligne 16, baignerent, *lisez* baigneront.
Page 126, à la note, *lisez* Tome V.
Page 172, ligne 17, en, *lisez* n'en.
Page 203, ligne 17, qu'il, *lisez* il.
Page 209, ligne 4, vaille ne vas, *lisez* ne vaille pas.

APPROBATION.

J'AI lu, par ordre de Monseigneur le Chancelier, l'Ouvrage intitulé : *Histoire des Philosophes Anciens , jusqu'à la Renaissance des Lettres , avec leurs portraits , par M. SAVÉRIEN*, & je n'y ai rien trouvé qui en doive empêcher l'impression. Il pourra servir d'introduction à l'histoire des Philosophes Modernes , que le public a lue avec plaisir.
A Paris , le 10 Mars 1770.

GIBERT.

PRIVILEGE DU ROI.

LOUIS, par la grace de Dieu , Roi de France & de Navare, à nos Amés & Féaux Conseillers les Gens tenans nos Cours de Parlement , Maîtres des Requêtes ordinaires de notre Hôtel , Grand-Conseil , Prévôt de Paris, Baillifs , Sénéchaux , leurs Lieutenans Civils , & autres nos Justiciers qu'il appartiendra : Salut. Notre amé le sieur JACQUES LACOMBE , Libraire , Nous a fait exposer qu'il desireroit faire imprimer & donner au Public , un Ouvrage qui a pour titre : *Histoire des Philosophes Anciens , jusqu'à la renaissance des lettres , avec leurs Portraits*, s'il Nous plaisoit lui accorder nos Lettres de Privilége pour ce nécessaires. A CES CAUSES , voulant favorablement traiter ledit Exposant, Nous lui avons permis & permettons par ces Présentes , de faire imprimer ledit Ouvrage autant de fois que bon lui semblera, de le vendre, faire vendre & débiter par-tout notre Royaume pendant le tems de six années consécutives, à compter du jour de la date des Présentes; Faisons défenses à tous Imprimeurs, Libraires, & autres personnes de quelque qualité & condition qu'elles soient, d'en introduire d'impression étrangere dans aucun lieu de notre obéissance; comme aussi d'imprimer ou faire imprimer, vendre, faire vendre, débiter, ni contrefaire ledit Ouvrage, ni d'en faire aucun extrait sous quelque prétexte que ce puisse être, sans la permission expresse & par écrit dudit Exposant, ou de ceux qui auront droit de lui, à peine de confiscation des Exemplaires contrefaits, de trois mille livres d'amende contre chacun des contrevenans, dont un tiers à Nous, un tiers à l'Hôtel-Dieu de Paris, & l'autre tiers audit Exposant, ou à celui qui aura droit de lui, & de tous dépens, dommages & intérêts; à la charge que ces Présentes seront enregistrées tout au long sur le Registre de la Communauté des Imprimeurs & Libraires de Paris, dans 3 mois de la date d'icelles; que l'impression dudit Ouvrage sera faite dans notre Royaume & non ailleurs, en bon papier & beaux caractères, conformément aux Réglemens de la Librairie, & notamment à celui du 10 Avril 1725, à peine de déchéance du présent privilège; qu'avant de l'exposer en vente, le Manuscrit qui aura servi de copie à l'impression dudit Ouvrage, sera remis dans le même état où l'Approbation y aura été donnée, ès mains de notre très-cher & féal Chevalier

Chancelier de France le Sieur DE LA MOIGNON ;
qu'il en sera ensuite remis deux Exemplaires de chacun dans notre Bibliotheque
publique , un dans celle de notre Château
du Louvre , & un dans celle du Sieur DE
MAUPEOU ; le tout à peine de nullité des
Présentes : du contenu desquelles vous man-
dons & enjoignons de faire jouir ledit Exposant & ses ayans causes , pleinement & paisi-
blement , sans souffrir qu'il leur soit fait aucun trouble ou empêchement ; VOULONS que
la copie des Présentes qui sera imprimée tout
au long au commencement ou à la fin dudit
Ouvrage , soit tenue pour dûement signifiée ,
& qu'aux copies collationnées par l'un de
nos amès & féaux Conseilliers , Secrétaires ,
foi soit ajoutée comme à l'original. COMMAN-
DONS au premier notre Huissier ou Sergent
sur ce requis , de faire pour l'exécution
d'icelles tous actes requis & nécessaires , sans
demander autre permission, & nonobstant cla-
meur de Haro , Charte Normarde & Lettres
à ce contraires ; Car tel est notre plaisir.
Donné à Paris le mercredi treizième jour du
mois de Décembre , l'an de grace mil sept
cent soixante-neuf, & de notre Régne le cin-
quante-cinquième. Par le Roi en son Conseil.
LE BEGUE.

*Regiſtré ſur le Regiſtre XVIII. de la Chambre
Royale & Syndicale des Libraires & Imprimeurs
de Paris n°. 918. fol. 75 , conformément au
Réglement de 1723 . A Paris ce 18 Décembre
1769. BABUTY , Adjoint.*